高等职业教育汽车类专业新型活页工作手册式系列教材

系列教材主编：戚文革　邹玉清

汽车电器故障诊断与维修

宋震宇◎编著

中国铁道出版社有限公司
CHINA RAILWAY PUBLISHING HOUSE CO., LTD.

内 容 简 介

本书系为贯彻国务院印发的“职教 20 条”文件精神，落实“新型活页式、工作手册式”职业教育教材的要求而编写，是依据学生中心、能力本位、成果导向等理论，充分考虑“1+X”证书要求，融专业教育、课程思政、创新教育于一体的校企双元合作开发的新型活页式、工作手册式能力本位教材，充分体现了职业教育是“学习如何工作的教育”的本质要求。

全书共分四个项目，包括检修汽车电源系统、检修汽车起动系统、检修汽车尾灯、检修前部灯光。书中配备视频、动画等电子资源二维码，并配套开发了教学工作页和助教课件等教学资源。

本书适合作为高职高专院校和其他职业学校汽车类专业的教材，也可作为相关人员的岗位培训教材。

图书在版编目（CIP）数据

汽车电器故障诊断与维修/宋震宇编著.—北京:中国铁道出版社有限公司, 2022.1

高等职业教育汽车类专业新型活页工作手册式系列教材

ISBN 978-7-113-28598-2

Ⅰ.①汽… Ⅱ.①宋… Ⅲ.①汽车-电气设备-故障诊断-高等职业教育-教材②汽车-电气设备-维修-高等职业教育-教材 Ⅳ.①U436.6

中国版本图书馆CIP数据核字（2021）第247169号

书　　名：汽车电器故障诊断与维修
QICHE DIANQI GUZHANG ZHENDUAN YU WEIXIU
作　　者：宋震宇

策　　划：尹　鹏　何红艳　　　**编辑部电话：**（010）63560043
责任编辑：何红艳　彭立辉
封面设计：刘　颖
责任校对：孙　玫
责任印制：樊启鹏

出版发行：中国铁道出版社有限公司（100054，北京市西城区右安门西街 8 号）
网　　址：http://www. tdpress. com/51eds/
印　　刷：北京联兴盛业印刷股份有限公司
版　　次：2022 年 1 月第 1 版　2022 年 1 月第 1 次印刷
开　　本：787 mm×1 092 mm 1/16　**印张：**7. 5　**字数：**200 千
书　　号：ISBN 978-7-113-28598-2
定　　价：39. 80 元

编审委员会

作者简介

宋震宇，讲师、计算机技术硕士、汽车维修工技师，现任教于吉林电子信息职业技术学院汽车工程学院。曾获得学院教师技能大赛二等奖、2019年机械行业职业教育技能大赛新能源汽车教师专业能力赛项三等奖、2019年获吉林省“青年技术能手”称号，指导2019年中国汽车工程学会巴哈大赛获三等奖，指导2017年全国机械行业职业院校技能大赛汽车检测与维修大赛电气系统检修二等奖。2015年至今教授汽车基础电器、汽油发动机电控系统故障检测与维修、汽车舒适与安全、汽车网络等专业课，近两年担任汽车专业1+X证书制度试点院校培训人员。

序

自从2019年国务院发布的《国家职业教育改革实施方案》提出“倡导使用新型活页式、工作手册式教材”之后，教材建设就成为职业教育改革的热词，2020年国家教材建设奖的设立极大地提升了教材的地位，更是将教材建设推到了职业教育改革的浪尖潮头。

教材里有什么？

这是必须明确的一件事。

是不是知识本位教材里有知识而能力本位教材里有能力呢？答案是明确的，无论知识本位教材还是能力本位教材，教材里都只有知识。

区别何在？

知识本位教材是将学科知识从命题概念出发，在空间上按照演绎逻辑进行组织、呈现的。

能力本位教材是将工作知识从具体事物出发，在时间上按照归纳逻辑进行组织、呈现的。

知识本位教材的功能是培养学生演绎推理能力，目的是发现更多知识，探索未知领域。

能力本位教材的功能是培养学生归纳推理能力，目的是处理具体事务，解决现实问题。

这是一个大概的区分，但这是一个直指本源的区分，这一内在逻辑的区别决定了职业教育与普通教育教材类型的基因差异。

职业教育教材应该“长什么样，内容如何呈现，具备什么功能”，是由职业教育类型属性决定的，职业教育就是“学习如何工作的教育”，那么教材就应该呈现“工作原貌”，只有将“工作原貌”呈现出来，才能够实现学习“如何工作”的目的。抓住了这一根本性的问题，就能将职业教育教材与普通教育教材彻底区别开来。

怎样呈现“工作原貌”呢？

任何一项工作都是由六个要素构成的，即工作对象、工作内容、工作手段、工作组织、工作产品和工作环境。

工作六要素所对应的知识，即工作对象知识、工作内容知识、工作手段知识、工作组织知识、工作产品知识和工作环境知识。

对于一项工作，如果将工作六要素知识寻找并罗列出来，合辑成册，是不是可以看做是职业教育的教材呢？

按照教材里只有“知识”和职业教育就是“学习如何工作的教育”这两条标准判断，显然这一合辑成册的书无疑就是职业教育的教材。

继续深入分析，工作六要素知识两种有价值的排列方式，一种是并列排列，将六要素知识平铺在纸上就可以了，这是工作六要素知识的静态呈现——这种排列方式并不鲜见，如常见的机械设计手册等。

如果将工作六要素里的工作内容知识按照其在工作中出现的时间顺序排列就会发现，这构成了一项具体工作的职业行动体系，其他五个工作要素知识构成了支撑这个职业行动得以进行下去的职业知识，按照这一逻辑，我们发现工作六要素知识可以如图 1 排列，这样排列的好处就是将工作要素知识的内在联系通过职业行动建立起来了，使工作六要素动态呈现出来，不仅能够更好地表达了“工作原貌”，更是表达了“工作逻辑”，使学习者更易理解“工作本身”以及实现学习“如何工作”这一目的。

职业行动 = 工作内容知识序化	职业知识 = 其余工作五要素知识
1	工作对象知识 工作手段知识 工作组织知识 工作产品知识 工作环境知识
2	
⋮	
n	

图 1　工作六要素知识时序逻辑

仅此还是不够的，职业教育教材不仅要呈现工作要素知识，表达“工作逻辑”，还要服务于学生学习这一根本要求，因此，职业教育教材必须按照认知规律和职业成长规律选取和呈现工作要素知识。

认知规律通常表述为从“从低级到高级，从简单到复杂”，什么是“低级和高级”“简单和复杂”呢？布鲁姆的教育目标分类是我们可以依据的一个科学原理。

本耐、德莱福斯、劳耐尔对职业能力成长规律的研究成果得到了普遍的认同，从初学者 / 新手—生手—熟手—能手—专家 / 高手的职业能力成长的过程中，使我们得以窥见职业教育与普通教育互为起点与终点的正好相反的学习过程。

综上所述，工作要素知识以静态或者动态方式按照认知规律、职业成长规律排列，构成职业教育教材的知识种类与排列的基本的序化逻辑。

本系列教材是以工作要素知识的动态形式，按照认知规律和职业成长规律选取工作内容来组织、呈现工作原貌的。

教材以活页装订、留白处理、多元目录索引、职业行动与职业知识左右对应排版、知识表格化处理，全书用色块区分不同内容等手段，表达重点清晰醒目，并配以二维码视频动画资源，极大地方便了检索查阅，充分体现自主学习功能和手册性质。

同时，以标语彰显、主题镶嵌和星火相融三种方式将创新教育以及课程思政融于专业教育始终，使教材具备了“专业、创新、思政”三育融合的内容与功能。

采用镶嵌、替换方式将“1+X”融入相关内容之中，满足职业技能等级鉴考评定需求。每一个学习项目设置一个迁移性学习考核项目，满足了学分银行学习成果认证需要。

吉林电子信息职业技术学院在汽车专业群、机械专业群、冶金专业群系统开展的提高育人有效性的教学改革中，从 2016 年开始尝试“活页式、工作手册式”教材编写与教学实践，取得了良好效果。

是为序。

戚文革

2021 年 8 月 20 日

前　言

职业教育教材建设进入了新时代。2019年国务院发布的《国家职业教育改革实施方案》（简称“职教20条”）开篇就明确了职教与普教的区别并且第一次以国家文件的高度对教材形式提出了具体要求。第九条“……建设一大批校企‘双元’合作开发的国家规划教材，倡导使用新型活页式、工作手册式教材并配套开发信息化资源。”这背后的逻辑是什么？职业教育教材建设必须思考：新型活页式、工作手册式教材的内涵是什么？职业教育教材如何体现“新型”“活页式”“工作手册式”三个关键要素？新型活页式、工作手册式教材必须具备什么样的功能？

本书着重把握新型活页式、工作手册式教材的深刻内涵和承载的功能，遵循能力本位、学生中心、成果导向等职业教育基本规律，将专业教育、创新教育、课程思政以及“1+X”融为一体，教材功能指向职业能力培养，充分体现职业教育类型特征。

职业教育是“学习如何工作的教育”，因此，本书将完整展现职业行动的工作原貌作为第一原则，将工作内容序化为职业活动，构成职业行动体系，辅以支撑职业活动的职业知识。为了清晰地表达工作原貌，在具体版面设计上，横版编辑，一页纸分为左右对称两部分，左侧为职业行动，右侧为支撑职业行动得以开展的职业知识。

具体表现：页面左侧为序化的职业行动——作业准备—拆卸—检修—安装，形成职业行动体系，作为教材结构逻辑；页面右侧为支撑职业活动的技术标准、规范、要求、原则、方法、原理等理论知识、技术理论知识、技术实践知识以及经验性知识，其中技术实践知识为主，并进行表格化处理以方便查阅，体现手册式特征。

全书共四个项目，包括检修汽车电源系统、检修汽车起动系统、检修汽车尾灯和检修前部灯光。书中配备视频、动画等电子资源二维码，并配套开发了教学工作页和助教课件等教学资源。

每个项目包含四部分内容：第一部分是项目概述，包括项目描述、项目要求、学习目标和学习载体；第二部分是项目实施，包括职业行动、职业知识和任务测评；第三部分是学习考评，包括考评项目、实施准备、验证方法与标准；第四部分是课程思政，包括页脚标语、拓展阅读。

本书编写紧紧围绕新型活页式、工作手册式教材的本质特征，使其具备如下特点：

1. 体现能力本位功能，突出职业能力培养

将项目或任务的工作内容序化为完整的工作过程，建立工作六要素（对象、内容、手段、组织、产品、环境）之间的内在联系，展示工作原貌，在完成职业活动过程中不断积淀职业能力。

2. 体现学生中心思想，以方便学生学习为第一原则

活页装订方便学生增添新知识、新技能以及学习心得，页面留白处理方便学生学习记录，多元目录索引方便学生学习查阅。

3. 体现成果导向思想，满足学分银行认证要求

“职教20条”第(八)条指出要“加快推进职业教育国家‘学分银行’建设，从2019年开始探索建立职业教育个人学习账号，实现学习成果可追溯、可查询、可转换。”学习成果认定是“学分银行”实施的基础，为此，本书每一个项目最后，都设计了一个学习成果认定考核方案，供师生参考选择。

4. 适应“1+X”证书制度，内容选取参考职业技能等级标准

在“1”的基础上，针对职业要求进行拓展和补充，将汽车职业技能等级标准有关内容及要求有机融入教材中，实现课证融通。

5. 体现“专业＋思政＋创新”时代要求，实现三育融合

本书每个项目的页眉页脚采用蕴含思政元素和创新元素的标语式语句，寓教于警示励志语言——标语彰显式。本书选定思政和创新主题，按照主题选取编辑若干个故事，寓教于故事中——主题镶嵌式。每个任务拓展训练中紧密结合任务内容将思政元素和创新元素融入其中，寓教于水乳交融中——星火相融式，专业教育中突出“人的底色”与创新素质培养。

6. 辅以信息化数字资源，教材内容立体呈现

本书配备视频动画等电子资源二维码，并配套开发设计了教学工作页、教学课件、任务工单、习题作业及大量的媒体素材等资源，方便师生学习查阅。

7. 图文并茂，职业知识表格化处理，突出“手册式”功能

本书编写时选用了大量图例，文字力求简练、通俗，内容简明扼要，职业知识表格化处理，易于快速查阅，通俗易懂。

8. 增加新技术、新工艺、新规范，增强教材时效性

本书在选用学习载体和学习内容时，充分考虑现代汽车电器系统中新增加的多样化的控制单元、数据传输等新特点，选取了汽车电源控制、汽车起动控制、汽车前后灯光系统等既成熟可靠，又较老款汽车变化较多的汽车电器系统新技术，增强了教材的时效性。

9. 校企双元合作开发，充分融入职业要素

本书由吉林电子信息职业技术学院宋震宇编著。大连尊荣捷路汽车销售服务有限公司店面车间主管韩思栋为本书编写提供实际案例汇总和行业发展技术的支持，实现校企双元合作开发。

本书由哈尔滨哈得力金运汽车销售有限公司店面技术主管沈洪强主审，参加审稿的还有吉林市大众4S店技术总监刘长春和吉林磊 π 汽车修理厂技术总管王磊。审稿的各位老师对全书进行了认真细致的审阅，并提出了宝贵的意见和建议，在此表示衷心的感谢！

本书视频中部分汽车品牌虽然与书中所讲不一致，但诊断与维修方法基本一致，可作为学习参考。

由于时间仓促，编著者水平有限，书中难免存在疏漏与不妥之处，恳请读者批评指正。

编著者

2021年8月

目　录

视频 / 动画目录

项目一　检修汽车电源系统

一、项目描述

完成 2018 款迈腾 1.8 T 车型电源系统的检修作业。

二、项目要求

符合 2018 年迈腾 1.8 TFI 车型技术要求与标准，正确使用工具，完成如下作业：

（1）维护与检修蓄电池。

（2）维护与检修发电机。

（3）检修汽车电源系统。

三、学习目标

（1）说出蓄电池外部维护、状态检测、充电的作业方法。

（2）总结发电机维护的作业方法。

（3）总结电源系统检修的作业方法。

（4）规范地对蓄电池进行维护、充电作业。

（5）规范地对电源系统常见故障进行分析、诊断与排除作业。

（6）养成自觉遵守技术标准和要求规定、规范操作、安全、环保、5S[整理(Seiri)、整顿(Seiton)、清扫(Seiso)、清洁(Seiketsu)、素养（Shitsuke）] 作业、团结协作的好习惯。

（7）德技并修做一名优秀汽车医生。

（8）掌握思维导图故障判断方法。

四、学习载体

2018 年迈腾 1.8 TFI 车型打开点火开关无法启动，电源系统故障指示灯点亮，经点火操作使车辆起动后，发电机异响，发出“咣咣”撞击声，启动 15 min 后发动机自动熄火。

下图所示为汽车电源系统组成，经分析，仪表板电源系统故障指示灯点亮，则说明蓄电池故障；发动机异响，启动 15 min 后熄火，则说明发电机故障；同时控制电路及线路也有可能存在故障。

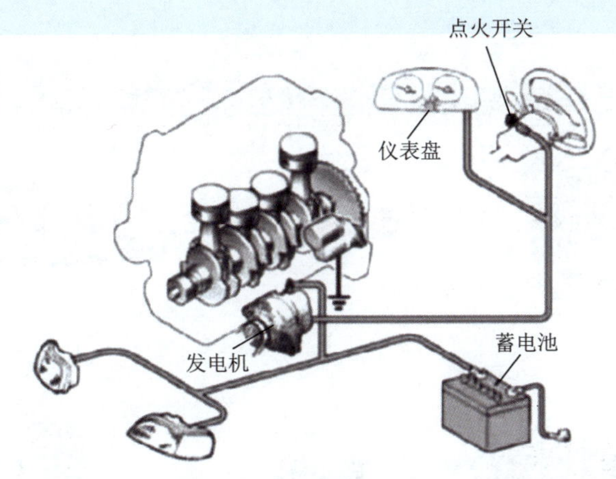

学习笔记

学习笔记

任务一　维护蓄电池

职业行动

步骤一：作业准备

维修人员试车发现客户车辆存在动力不足现象，初步判断是蓄电池故障。

1. 作业场地

选择环保且带有消防设施的作业场地。

2. 设备设施

2018 款迈腾 1.8 T 车型蓄电池、工具车、零件车、吹气枪、垃圾桶。

3. 工量辅具（见表 1-1-1）

表 1-1-1　工量辅具

套筒扳手组合套具	一字螺丝刀	枕木、垫布、抹布
充电机	高频放电计	万用表

视频

1-1 车间安全生产标识

视频

1-2 车辆安全操作

职业知识

工量具特点、使用方法及要求

名称	特点	使用方法及要求
套筒扳手	拆装螺栓最方便、灵活且安全的工具，不易损坏螺母的棱角	• 使用时，左手要握住手柄与套筒连接处，保持套筒与所拆卸或紧固的螺栓同轴线，切勿摇晃，以免套筒滑出或损坏螺栓、螺母的棱角。 • 右手要握住配套手柄，采用拉动方向加力
充电机	充电效率高，延长蓄电池使用寿命，具有过充电保护、短路保护、过电流保护、过热保护等功能	• 先将充电器的红色正极（+）连接蓄电池正极（+）；黑色负极（-）连接蓄电池负极（-）。 • 充电器连接充电后，要将充电电压调至 12 V 挡或 24 V 挡，再将充电电流调至 4 ～ 6 A（24 V 蓄电池电流为 5 ～ 10 A）即可，自动挡绿灯亮起即已充满
高频放电计	模拟接入负荷检测蓄电池大电流放电时的端电压	• 先将高频放电计的红色正极（+）连接蓄电池正极（+）；黑色负极（-）连接蓄电池负极（-）。 • 按下高频放电计上的负载按钮，2 ～ 3 s 后放松按钮。此时高频放电计上的电压表显示出蓄电池存电情况

做好自己就是爱国。

步骤二：蓄电池的外部维护

1. 拆卸蓄电池

（1）找到蓄电池的位置，如图 1-1-1 所示。蓄电池上面有一条固定杠子扣在上面，使用 8 号扳手扭开，如图 1-1-2 所示。

（2）扭开以后取下，在蓄电池上会看到标有“+”极和“-”极的图标，需要先拆负极再拆正极（见图 1-1-3），然后将蓄电池放置到有枕木和垫布的工作台上。

图 1-1-1　找到蓄电池

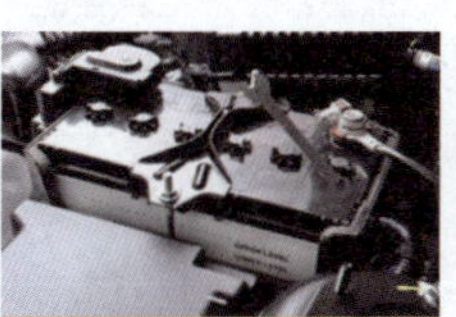

图 1-1-2　使用 8 号扳手扭开

图 1-1-3　先拆负极再拆正极

2. 对蓄电池外部进行清洁

（1）使用抹布对蓄电池壳体进行清洁。

（2）用稍粗一些的纱布对正负极柱和正负夹头进行清洁。

3. 安装蓄电池并进行固定检查

（1）把清洁好的蓄电池放上去，先把固定扣扭上，如图 1-1-4 所示。

（2）先装正极再装负极，如图 1-1-5 所示拧紧螺栓，涂润滑脂，以防氧化。

（3）检查蓄电池固定螺栓等是否松动。

图 1-1-4　把固定扣扭上

图 1-1-5　先装正极再装负极

蓄电池组成、功用及安装位置

组　成	功　用
阳极 槽接点 阴极 隔板 电解液槽 Pb PbO_2	• 正负极板组是蓄电池的主要构成部分，将正负极板组浸入电解液中，可获得 2 V 的电动势。 • 隔板夹在正负板之间，可防止因正负极板相互接触而短路。 • 电解液是由纯硫酸和蒸馏水配制而成，其密度为 1.24~1. 30 g/cm^3。 • 壳体为整体式结构，壳内由隔壁分成多个互不相通的单格，多用硬橡胶制成，其底部有突起的肋条以搁置极板组，以防极板短路

蓄电池的安装位置

学习笔记

视频

1-3 检查蓄电池外观

做好自己就是爱国。

学习笔记

步骤三：蓄电池状态检测

1. 观测蓄电池

通过电眼，观测蓄电池是否完好。

2. 使用万用表检测蓄电池静态电压

（1）关闭点火开关。

（2）断开蓄电池地线等2 h，在此期间蓄电池不得加载或充电。

（3）使用万用表测蓄电池静态电压，如图 1-1-6 所示。蓄电池静态电压不应低于 12.5 V，如万用表显示 12.5 V 或高于 12.5 V 则正常。

3. 使用高频放电计测量电池端电压确定其放电程度

（1）将红色测试线夹在蓄电池正极接线柱上，黑色测试线夹在蓄电池的负极接线柱上，如图 1-1-7 所示。此时读数显示的是蓄电池的空载电压，通常在 11 ～ 13 V 范围内为正常。

图 1-1-6　红正黑负测蓄电池静态电压

图 1-1-7　高频放电计测量电池端电压

（2）按下高频放电计上的负载按钮，2 ～ 3 s 后放松按钮。

（3）此时高频放电计上的电压表显示出蓄电池存电量情况，以第三次测量为准。高频放电计测量标准如表 1-1-2 所示。

表 1-1-2　高频放电计测量标准

型号	≤ 60 A•h		≥ 60 A•h	
时间	20 s			
电压	≤ 9 V	故障	≤ 9.5 V	故障
	9~11 V	较好	9.5~11.5 V	较好
	≥ 11 V	好	≥ 11.5 V	好

观察孔判断标准

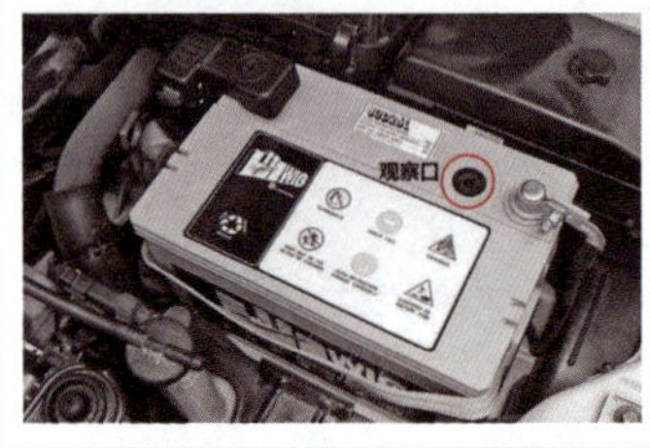

带观察孔的蓄电池。这种蓄电池上有一个观察孔，可显示三种不同颜色：

- 绿色：蓄电池已充足。
- 黑色：未充电或充电池不足。
- 无色或黄色：酸液池缺蒸馏水。

万用表直流电压挡

使用说明	• 使用前应根据被测量的对象，正确选用挡位、量程及表笔插孔。 • 被测数据大小不明时，应先将量程置于最大值，而后由大量程往小量程挡处切换。 • 测量电阻时，在选择了适当倍率挡后需要进行调零。如果不能调零或数显表发出低电压报警，应及时检查。 • 在测量某电路电阻时，必须切断被测电路的电源，不得带电测量。 • 使用万用表进行测量时，要注意人身和仪表设备的安全，测试中不得用手触摸表笔的金属部分，不允许带电切换挡位开关，以确保测量准确，避免发生触电和烧毁仪表等事故
操作方法	• 准备好万用表和待测试的电池，将红黑测试线插入万用表。 • 按下 Power 按键，开启万用表。 • 点击电压测试挡位。 • 红测试线接电池正极，黑测试线接电池负极。 • 观察万用表显示电量

视频

1-4 蓄电池状态检测

做好自己就是爱国。

学习笔记

步骤四：蓄电池充电

1. 拆卸蓄电池夹头

将蓄电池夹头从蓄电池极柱上拆下，如图 1-1-8 所示。

2. 在起动前先检查汽车蓄电池的外观

蓄电池应该完好无损，没有裂纹，没有明显的蓄电池酸液泄漏痕迹，如图 1-1-9 所示。如果汽车有以上任何损伤，都不要起动，以免伤及自己或他人。

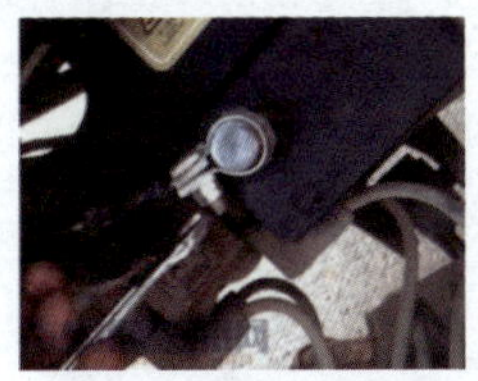
图 1-1-8　拆卸蓄电池夹头

图 1-1-9　检查外观

3. 接触汽车蓄电池之前要戴上护目镜和橡胶手套

护目镜和橡胶手套分别用于保护眼睛和手，以防被蓄电池中溅出的浓酸侵蚀。

4. 连接充电机

将充电机正极接到蓄电池正极，负极接到蓄电池负极，如图 1-1-10 所示。

5. 开启充电机，按照要求选择合适挡位进行充电即可

合适的挡位需要根据蓄电池铭牌来进行选择，充电时间一般为 3 ～ 5 h，充电完成后指示灯会点亮，如图 1-1-11 所示。

图 1-1-10　连接充电机

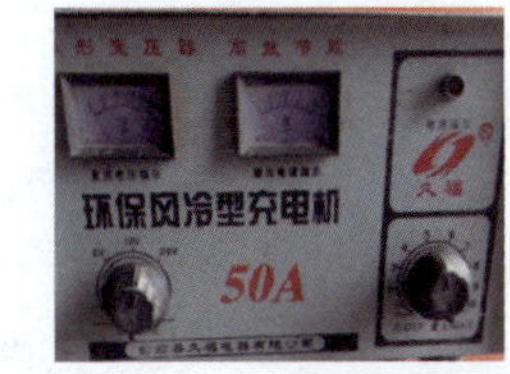

图 1-1-11　选择合适挡位

识读蓄电池铭牌

- 6 表示由 6 个单格电池组成，每个单格电池电压为 2 V，即额定电压为 12 V。
- Q 表示蓄电池的用途，Q 为汽车起动用蓄电池、M 为摩托车用蓄电池、JC 为船舶用蓄电池、HK 为航空用蓄电池、D 表示电动车用蓄电池、F 表示阀控型蓄电池。A 和 W 表示蓄电池的类型，A 表示干荷型蓄电池，W 表示免维护型蓄电池。

- 若不标则表示普通型电池。60 表示蓄电池的额定容量为 60 A•h，角标 a 表示对原产品的第一次改进，名称后加角标表示第二次改进，依此类推

充电机使用说明书

- 通电前检查。经过储存与运输的充电机通电前应检查运输中的受损情况，如螺钉是否松动，外观有无异样，电源线、接线柱是否震脱以及是否受潮等，若有上述现象发生应及时妥善处理。
- 接通输入电源线。断开“电源开关”，接通输入电源线。在断开“电源开关”情况下，按前面板的标记接好充电机与蓄电池的连线（导线截面积应不小于 12 m 或根据实际电流选择），确认连接无误，并应特别注意检查接线柱连接牢固，以避免流过大电流时发热过大。
- 选择充电电流。一般按照 10 h 充电率选择充电电流，接通“电源开关”，即开始充电。
- 充电。若由于蓄电池过度放电而使电池电压过低，可选择充电机的较大电流挡试充电，若一接上蓄电池就导致充电机退出起动状态，可重复多次本操作，以激活过度放电的蓄电池。
- 只有正确接上蓄电池后，充电机才开始正常工作

视频

1-5 安装蓄电池负极电缆

学习笔记

任务测评

一、知识测评

确定本任务的关键词，按重要程度进行关键词排序并举例解读，然后根据自己对重要信息捕捉、排序、表达、创新和划分权重能力进行自评，满分 100 分，如表 1-1-3 所示。

表 1-1-3　维护蓄电池知识测评表

序号	关键词	举例解读	评分自定
1			
2			
3			
4			
5			
6			
7			
总分			

二、能力测评

对表 1-1-4 所列作业内容，操作规范即得分，操作错误或未操作即零分。

表 1-1-4　维护蓄电池能力测评表

序号	技能点	配分	得分
1	拆卸蓄电池	20	
2	清洁蓄电池壳体	20	
3	清洁蓄电池极柱	20	
4	清洁蓄电池夹头	20	
5	安装蓄电池	20	
总分		100	

三、素养测评

对表 1-1-5 所列素养点，做到即得分，未做到即零分。

表 1-1-5　维护蓄电池素养测评表

序号	素养点	配分	得分
1	安全作业，无安全隐患	20	
2	保护环境，无乱扔乱倒	20	
3	规范标准，无野蛮操作	20	
4	团队协作，无不洽关系	20	
5	场地 5S	20	
总分		100	

四、拓展训练

（1）请列举出在维护蓄电池的过程中易出现的问题，分析产生问题的原因并制定解决问题的措施。（满分 25 分）

（2）现发现 2018 款迈腾 1.8 T 车型，通过蓄电池观察孔看到颜色为黑色，通过测量确定导致该现象的原因。制定检修流程并进行检修。（满分 25 分）

（3）我是一个平凡的人，但有自己的骄傲，我坚信做好自己就是最大的爱国，我为自己每天的努力而自豪，为自己取得的一点点进步而自豪，我的点滴成长都汇入了祖国发展进步的激流踊跃之中，我是一朵浪花。请按下列思维导图格式（见图 1-1-12），对蓄电池维护的学习收获进行总结，并对汽车蓄电池常见问题进行罗列，同时举例说明“做好自己就是爱国”。（满分 50 分）

图 1-1-12　思维导图

做好自己就是爱国。

任务二　检测发电机

职业行动

步骤一：作业准备

1. 作业场地

选择环保且带有消防设施的作业场地。

2. 设备设施

2018 款迈腾 1.8 T 车型的发电机、工具车、零件车、测量平台、垃圾桶。

3. 工量辅具（见表 1-2-1）

表 1-2-1　工量辅具

套筒扳手组合套具	游标卡尺	万用表
百分表及磁性座	V 形架	拉力计

职业知识

检测发电机主要工量具特点、使用方法及要求

名称	特点	使用方法及要求
游标卡尺	游标卡尺是一种常用工量具，具有结构简单、使用方便、精度中等和测量尺寸范围大等特点	• 测量时，擦净卡脚和被测零件的表面。测量时将卡脚张开，再慢慢地推动游标，使两卡脚与工件接触，禁止硬卡硬拉。 • 读数后要把游标卡尺卡脚擦净并涂油后放入盒中
百分表	百分表的分度值为 0.01 m，其读数清晰，指针跳动较小，适用于较低精度要求的测量。在振动的情况下检测不易磨损，损坏率低	• 使用方法：先将百分表固定在表架上，以测头抵住被测工件表面，并使测头产生一定位移，移动被测工件，同时观察百分表表盘上指针的偏转量。 • 要求测杆轴线应与被测工件表面垂直
拉力计	外观小巧，方便携带，需要配合一些相关配件使用，操作简便。通过指针进行指示，读数非常容易，测试结果精度很高	• 根据所测的大致范围，不要超过其量程，也不宜选择过大，否则准确度会降低。 • 在测量时，要先观察一下指针是否在零位上，若不在零位上要调节到零位。 • 要注意测量时的读法。眼睛要平视指针，不要斜视。拉力计的数值标注主要有两种，即克和牛顿，要注意不要混淆

视频

1-6 交流发电机工作原理

学习笔记

步骤二：发电机主要部件维护作业

1. 找到发电机安装位置，确定拆卸发电机的操作顺序

按照从外向内的顺序拆下蓄电池连接线、多楔带、插头、护罩、发电机正极线、发电机。安装时逆序即可。

2. 断开蓄电池（见图 1-2-1）

3. 拆卸多楔带

拆卸前用记号笔标记运转方向，便于安装，如图 1-2-2 所示。

图 1-2-1　断开蓄电池

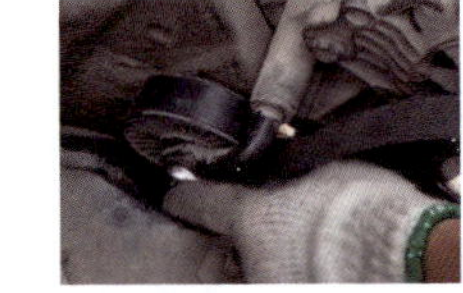
图 1-2-2　拆卸多楔带

（1）使用一字螺丝刀撬下张紧装置盖罩。

（2）拧紧张紧轮的固定螺栓。

（3）使用扭矩扳手逆时针方向转动张紧轮。

（4）取下多楔带。

4. 拔下护罩

解锁并脱开插头，拔下护罩。

5. 取下线束

拧下正极螺母（20 N•m），并从三相交流发电机上取下下方的正极线，如图 1-2-3 所示。

6. 取出发电机

旋出三相交流发电机上的螺栓（23 N•m）后取出三相交流发电机，如图 1-2-4 所示。

图 1-2-3　拆卸发电机线束

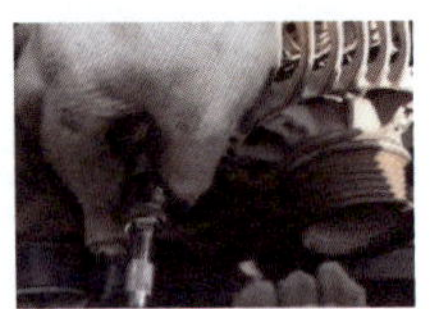
图 1-2-4　拆卸发电机固定螺栓

7. 发电机解体前初步检查与污垢清除

使用干抹布对发电机外壳进行清理，清理后对外观进行初步检查。

视频

1-7 拆卸发电机

视频

1-8 安装发电机

发电机安装位置

汽车发电机安装在汽车发动机侧面，通过传送带与发动机曲轴相连。

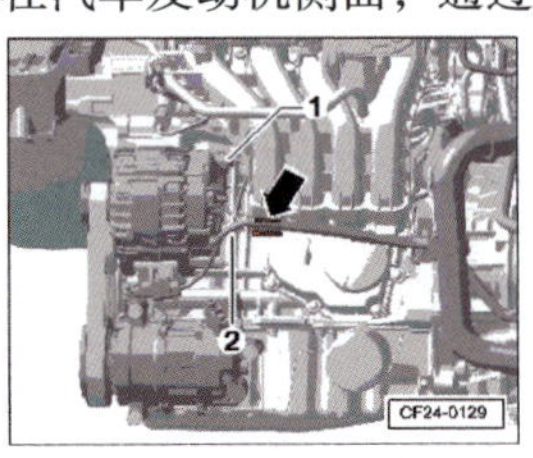

大众迈腾发动机电子节气门总成

正极线固定在发电机上	DF 导线和护罩
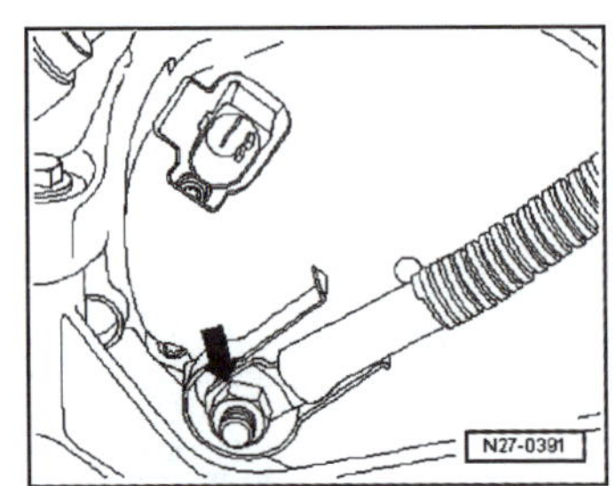	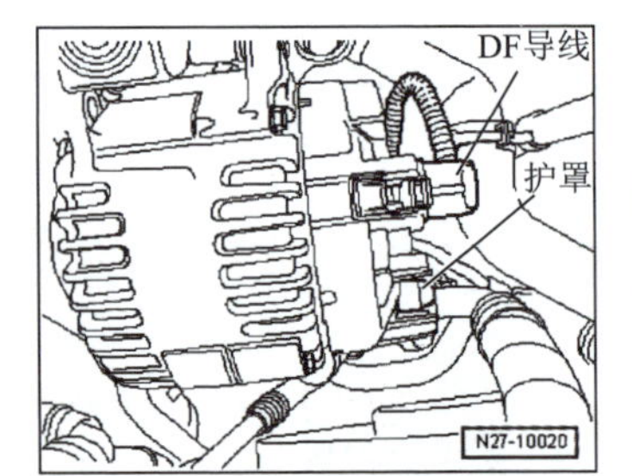
正极螺母位置	**发电机上的固定螺母位置**
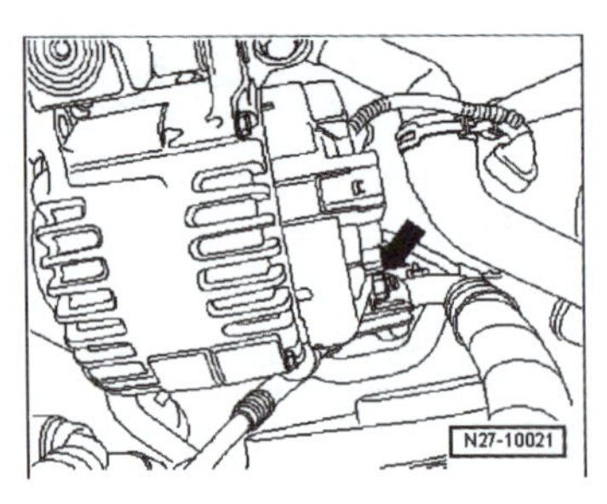	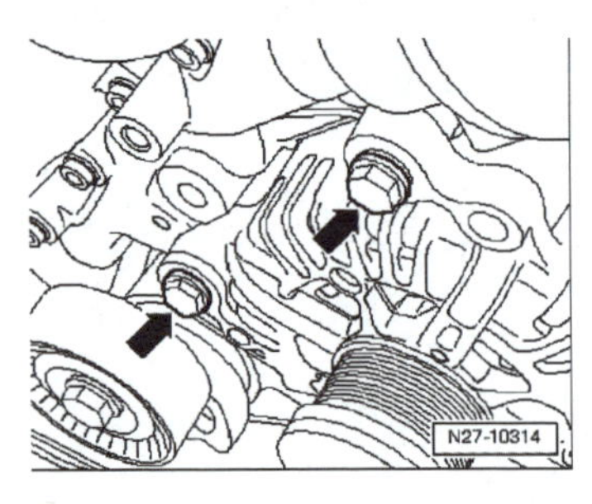

做一名优秀的汽车医生。

步骤三：发电机部件的检查与维护处理

根据发电机结构特点按照从外向内的顺序依次拆下缸体、护罩、电压调节器、发电机、支架。

（1）拆下法兰螺母，如图 1-2-5 所示。

（2）拆下端盖和端子绝缘体。

（3）拆下电刷总成，如图 1-2-6 所示。

（4）拆下四个螺栓后，拆下后壳体总成和垫圈，如图 1-2-7 所示。

（5）将定子和转子分别从驱动端壳体上拆下，如图 1-2-8、图 1-2-9 所示。

（6）拆下前端轴承护圈。

（7）用黄铜冲子和锤子敲出前轴承。

（8）安装发电机，按照拆解逆序即可。

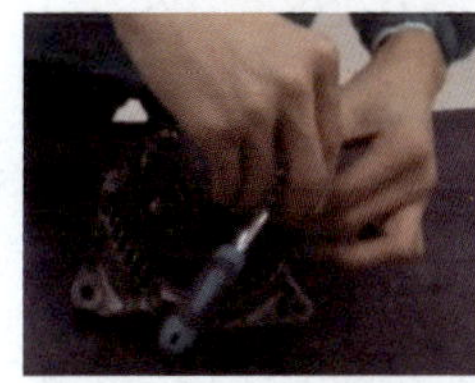

图 1-2-5　拆卸法兰螺母

图 1-2-6　拆卸电刷总成

图 1-2-7　拆下后壳体总成和垫圈盖

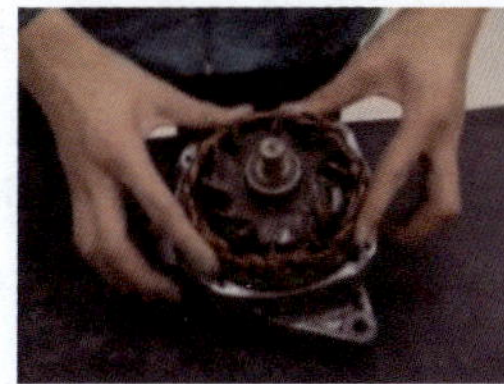

图 1-2-8　拆卸定子绕组

图 1-2-9　取下转子

发电机拆解指示

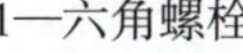

1—六角螺栓
- 灰铸铁缸体：N10 × 50；
- 铝缸体；

更换 M10 × 55 螺栓（涂密封剂）；
- 55 N•m。

2—六角螺栓
- M3 × 18。

3—护罩

4—十字花式半圆埋头螺栓
- M4 × 25。

5—电压调节器

6—交流发电机；
- 拆装 2、3、4；
- +B 导线拧紧力矩。

7—多楔带
- 拆装；
- 多楔传送带传动。

8—卡夹

9—六角螺栓
- 灰铸铁缸体：M8 × 22；
- 铝缸体。

10—六角螺栓，M8 × 35
- M8 × 85。

11—六角螺栓
- M8 × 85；
- 25 N•m。

12—支架

学习笔记

学习笔记

步骤四：转子总成的检测与维护

（1）磁场绕组断路、短路故障、磁场绕组绝缘状况的检查（见图 1-2-10、图 1-2-11）

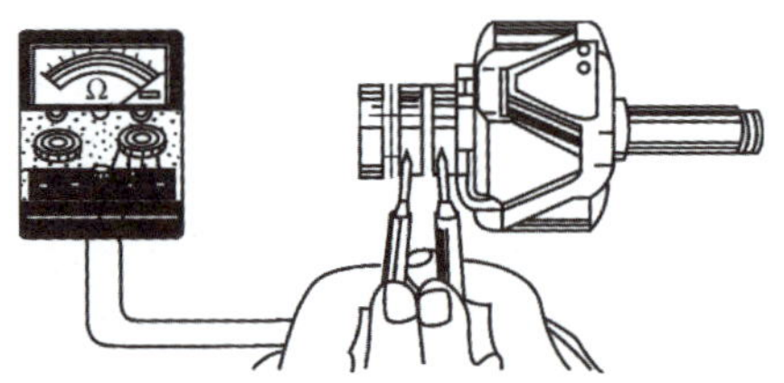

图 1-2-10　磁场绕组断路、短路故障检查

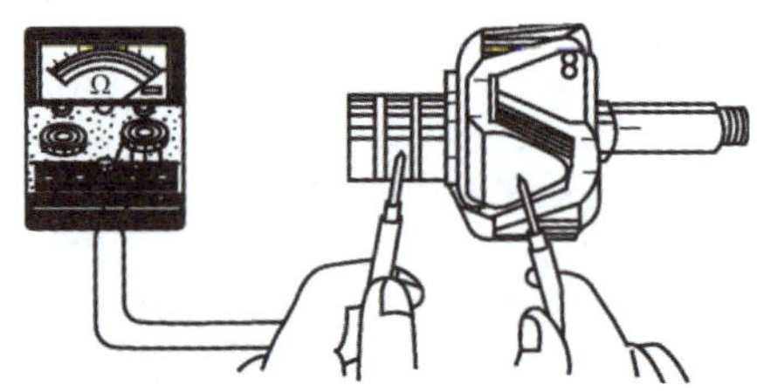

图 1-2-11　磁场绕组电阻值的测量

将万用表拨到 $R\times 10$ 挡，用两表笔分别接在两个滑环之上，测量磁场绕组的电阻值。

（2）转子铁芯与转子轴直线度的检查（见图 1-2-12）

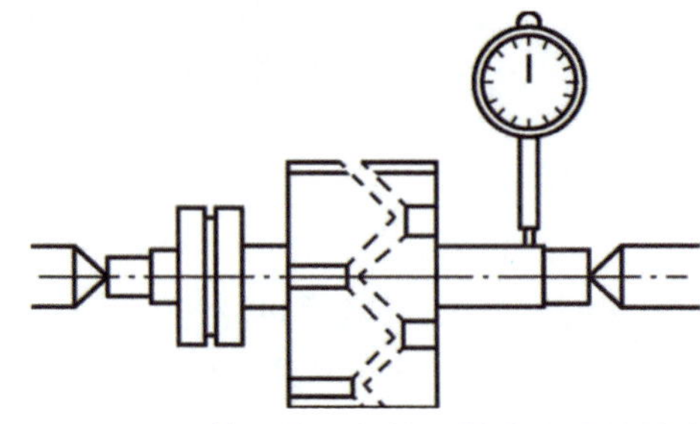

图 1-2-12　转子铁芯与转子轴直线度的检查

发电机结构

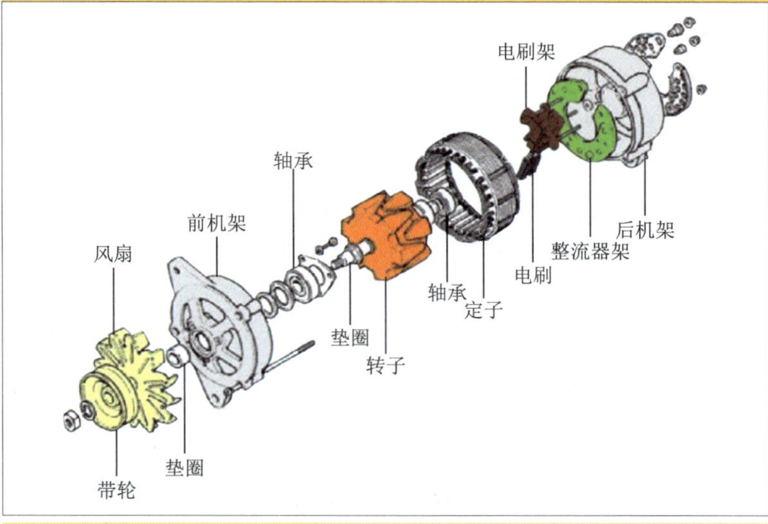

发电机主要部件

部件		功用
电枢	定子中性接点 接二极管 接二极管	• 定子线圈由漆包线绕成，共有三组线圈，每组线圈由与转子磁极数相等数量的线圈串联而成。 • 定子绕组的接法有星形（Y）三角形（△）两种方式。发电机一般采用星形连接，即每相绕组的首端分别与整流器的硅二极管相接，作为交流发电机的输出端，每相绕组的尾端接在一起，形成中性点 N

视频

1-9 检查发电机转子绕组

步骤五：定子总成的检查

1. 定子绕组外观检查（见图 1-2-13）

定子表面不得有划痕，导线表面不得有碰伤、绝缘漆剥落，绕组不得有搭铁、断路和短路现象。

2. 定子绕组断路、匝间短路故障、绝缘状况检查（见图 1-2-14）

（1）检查定子绕组是否断路。

（2）检查定子绕组是否搭铁。

图 1-2-13　定子绕组外观

图 1-2-14　定子绕组检测

步骤六：电刷总成的检查

（1）检查电刷的尺寸（见图 1-2-15）。

（2）电刷工作面的检查与修磨（见图 1-2-16）。

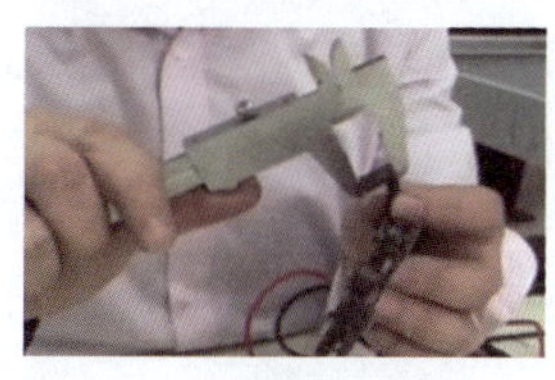

图 1-2-15　检查电刷尺寸

图 1-2-16　电刷工作面检查

（3）电刷压力弹簧的检查。当电刷从电刷架中露出长度为 2 mm 时，天平秤上指示的读数即为电刷弹簧压力，其值应为 2～3 N，弹簧压力过小时，应更换新电刷，否则会造成电刷与集电环接触不良而烧蚀集电环或使发电机输出功率降低等故障。

发电机主要部件（续）

部件	图示	说明
转子		• 两块爪形磁极交叉组合在一起，一边为 N 极，另一边为 S 极，N、S 极相间排列，一般为 8 ~ 16 极。 • 磁场线圈在内部被磁极包围，两端以轴承支持在端壳上，前端装有 V 形带轮由发动机曲轴通过 V 形带驱动，使转子在定子中旋转
整流器	整流板 整流二极管	• 整流器的功用是将定子绕组产生的三相交流电变成直流电输出。整流器必须散热良好，如果温度过高（超过 150 ℃）将会失去整流作用。 • 有些交流发电机为了提高中性点电压，提高发电机输出功率，增加了两只二极管对中性点电压进行整流，汇入发电机的输出端
电刷		• 电刷装在两个电刷架中，借助于弹簧的弹力使电刷与滑环保持着良好的接触。两只电刷引出线分别与磁场和接地接柱相连，作用是改变电流方向同时将励磁电流加到转子上换向
带轮和风扇		• 带轮装在转子轴的前端，由发动机曲轴通过 V 带驱动，风扇装在转子轴的前端或发电机的内部，用于冷却转子线圈及整流管等

学习笔记

视频

1-10 检查发电机定子绕组

学习笔记

步骤七：检测电压调节器

1. 检测电压调节器准备工作

（1）汽车交流发电机均为负极搭铁，检测时所用蓄电池搭铁极性必须与其相同。

（2）发电机运转时，不能用试火花的方法检查发电机是否发电，否则容易损坏二极管。

（3）整流器的六只二极管与定子绕组连接时，绝对禁止用兆欧表或220 V交流电源检查发电机绝缘情况，否则将使二极管击穿而损坏。

2. 测试电压调节器（见图1-2-17）

（1）使用万用表测量各接线柱之间的电阻值，初步判断其性能。

（2）使用可调直流稳压电源和试灯检验其性能。

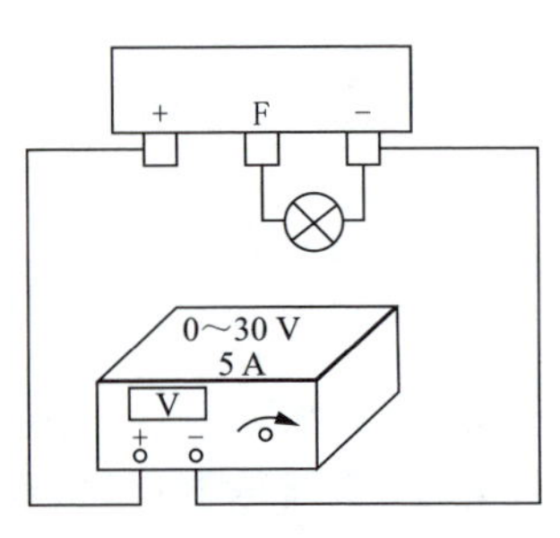

（a）内搭铁式电压调节器

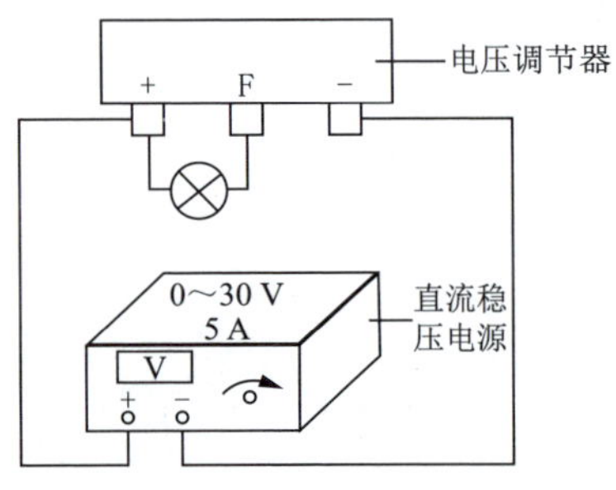

（b）外搭铁式电压调节器

图1-2-17　用直流稳压电源检查电子式电压调节器接线图

电压调节器原理

原理图	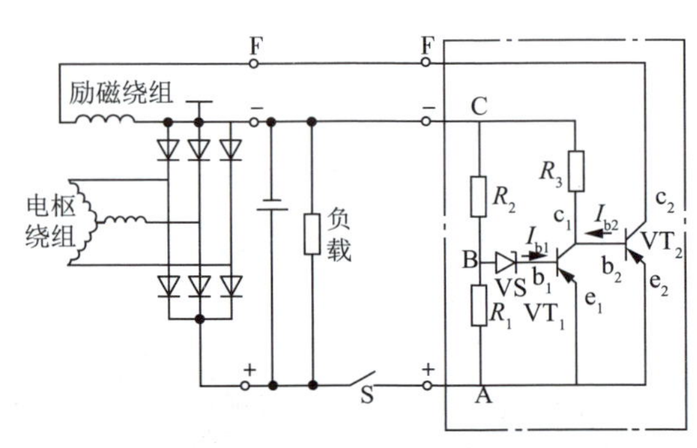
工作原理	• 供电过程。接通电源开关后，蓄电池向电路供电。 • 交流变直流。晶体管VT_1导通，励磁绕组中有电流流过而产生电磁场。当交流发电机高速运转后即开始提供电能，交流电流经整流二极管整流，变为直流电流后又向蓄电池充电。 • 稳定电压为12 V。当交流发电机输出的电压高于定值时，晶体管VT_2导通，从而减小流过发电机励磁绕组的电流，使发电机输出电压低。当发电机输出的电压降低到一定程度时，晶体管VT_2由导通变为截止，最终使发电机输出电压稳定在12 V左右

做一名优秀的汽车医生。

学习笔记

任务测评

一、知识测评

确定本任务关键词，按重要程度进行关键词排序并举例解读，然后根据自己对重要信息捕捉、排序、表达、创新和划分权重能力进行自评，满分 100 分，如表 1-2-2 所示。

表 1-2-2　检测发电机知识测评表

序号	关键词	举例解读	评分自定
1			
2			
3			
4			
5			
6			
7			
总分			

二、能力测评

对表 1-2-3 所列作业内容，操作规范即得分，操作错误或未操作即零分。

表 1-2-3　检测发电机能力测评表

序号	技能点	配分	得分
1	拆装发电机	20	
2	拆解并安装发电机	20	
3	检测与维护转子总成	20	
4	检查定子总成	20	
5	检查电刷及电压调节器	20	
总分		100	

三、素养测评

对表 1-2-4 所列素养点，做到即得分，未做到即零分。

表 1-2-4　检测发电机素养测评表

序号	素养点	配分	得分
1	安全作业，无安全隐患	20	
2	保护环境，无乱扔乱倒	20	
3	规范标准，无野蛮操作	20	
4	团队协作，无不洽关系	20	
5	场地 5S	20	
总分		100	

四、拓展训练

（1）请列举出在维护与检测发电机的过程中易出现的问题，分析产生问题的原因并制定解决问题的措施。（满分 25 分）

（2）现发现 2018 款迈腾 1.8T 车型，发电机转动时，工作正常但是抖动的声音大，请通过测量确定导致该现象的原因。制定检修流程并进行检修。（满分 25 分）

（3）医生担负着救死扶伤的职责，汽车医生同样承载的是人车安全的使命。德技并修，做一名优秀的汽车医生，应该作为每一名汽车专业学子的铮铮誓言，我们不是汽车修理工而是负责人车安全的汽车医生。请按下列思维导图格式（见图 1-2-18），对检测发电机的学习收获进行总结。为了实现从汽车修理工到汽车医生的蜕变，说出你决定要做怎样的改变。（满分 50 分）

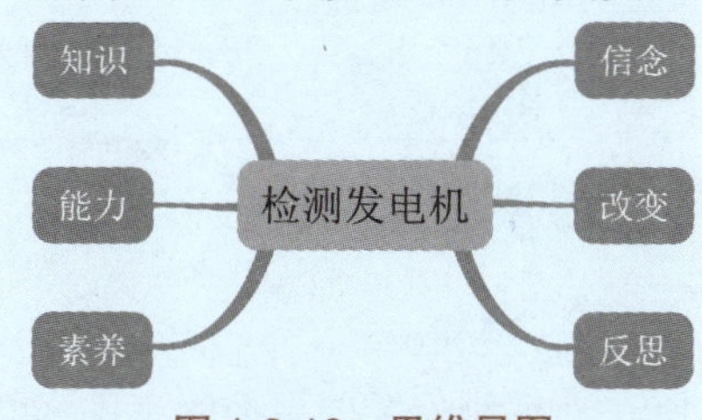

图 1-2-18　思维导图

学习笔记

任务三　排除汽车电源系统故障

职业行动

步骤一：故障现象确认

现有 2018 款迈腾 1.8 T 车型，客户反映打开点火开关无法起动，打开前照灯，灯光变暗，电源系统故障指示灯点亮，经对火操作使车辆起动后，发电机异响，发出“咣咣”撞击声，起动 15 min 后发动机自动熄火。

步骤二：作业准备

1. 作业场地

选择带有消防设施及车辆防护设备的作业场地。

2. 工量辅具（见表 1-3-1）

表 1-3-1　工量辅具

工量辅具	数字万用表	燃油压力表
V 形架	预置力式扭力扳手	高频放电计

3. 耗材

车辆维修需要更换的零件，如熔丝、导线、蓄电池或发电机等。

职业知识

故障检查顺序

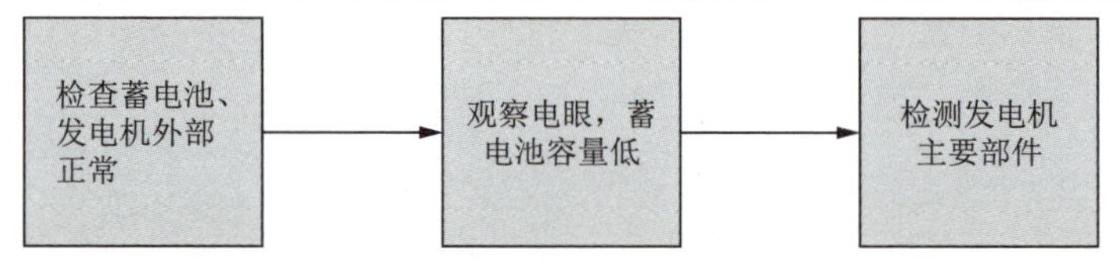

汽车维修低压操作基本防护

防护类别	防护措施
个人防护	• 维修人员必须身穿工作服、工作鞋，戴工作帽、手套。 • 工作服拉链及皮带扣应藏于衣服内侧，袖口、领口、裤脚扣紧。 • 维修人员不得戴手表、戒指、项链等金属饰品进行作业
车辆防护	• 车辆进入车间内，应停放至指定地点，熄灭发动机，将变速器置于空挡位置，进行驻车制动。 • 维修操作前，应铺设三件套及翼子板布
场地防护	• 维修车间应配有干粉灭火器及相应的消防设施。 • 所有工具、零部件、设备、车辆等应整齐地摆放在指定位置。 • 操作过程中应做到油品、工具、配件三不落地。 • 作业完毕应及时清理车间工作场地

故障判断要像侦探一样不放过任何一种可能。

步骤三：检修蓄电池

1. 拆卸蓄电池极柱（见图 1-3-1）

在蓄电池上会看到标有“+”极和“-”极的图标，需要先拆负极，再拆下正极。

2. 检测蓄电池状态

（1）通过电眼，观测蓄电池是否完好。

（2）使用万用表检测蓄电池静态电压，如图 1-3-2 所示。

① 关闭点火开关。

② 断开蓄电池地线至少等 2 h，在此期间蓄电池不得加载或充电。

③ 使用万用表测蓄电池静态电压，不应低于 12.5 V。

3. 使用高频放电计测量电池端电压确定其放电程度（见图 1-3-3）

（1）将高频放电计的红色线夹夹在蓄电池正极柱上，黑色夹在蓄电池的负极柱上。此时显示的是蓄电池的空载电压，在 11 ~ 13 V 正常。

（2）按下高频放电计上的负载按钮，2 ~ 3 s 后放松按钮，此时高频放电计上的电压表显示出蓄电池存电量情况，以第三次测量为准。

4. 对蓄电池充电

对蓄电池充电后仍无法起动则更换蓄电池，如图 1-3-4 和图 1-3-5 所示。

图 1-3-1　拆卸蓄电池极柱

图 1-3-2　测静态电压

图 1-3-3　测放电程度

图 1-3-4　蓄电池充电

图 1-3-5　更换蓄电池

汽车电源蓄电池故障排除流程

蓄电池故障排除流程图	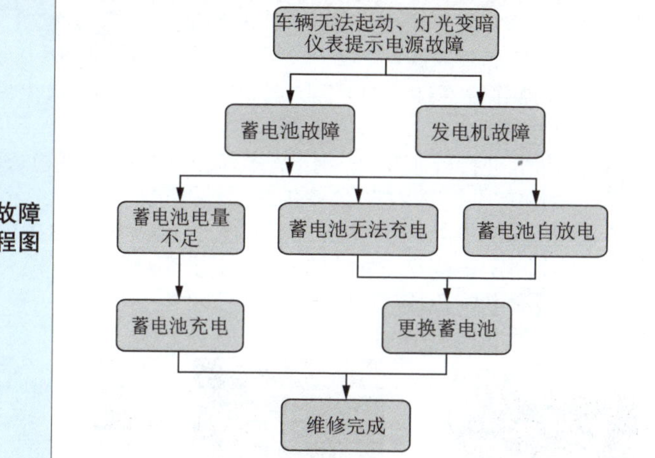
排故思路	• 根据故障现象，车辆无法起动，打开前照灯，灯光变暗，电源系统故障指示灯点亮，初步判断故障可能有两个：一是蓄电池电量低；二是充电系统故障。 • 先排除蓄电池故障，蓄电池电量低的原因可能有两个：一是蓄电池过度放电；二是蓄电池无法充电。 • 检查蓄电池外观有无破损等，排除蓄电池本身损坏的可能。 • 测量蓄电池静态电压，根据数值排除蓄电池电压不足的可能。 • 测量蓄电池放电程度，排除蓄电池电量不足的可能。 • 对蓄电池进行充电作业，充电完成后尝试点火，排除蓄电池无法充电的可能。 • 如果蓄电池电量低，请对蓄电池充电及维护；如果蓄电池无法充电或自放电，请更换蓄电池

学习笔记

视频

1-11 使用万用表测蓄电池电压

视频

1-12 万用表的使用

故障判断要像侦探一样不放过任何一种可能。

学习笔记

步骤四：检测发电机

1. 拆卸发电机，检查多楔带（见图 1-3-6、图 1-3-7）

（1）断开蓄电池。（2）拆卸多楔带。

（3）解锁并脱开插头，拔下护罩。（4）拧下螺母，取出发电机。

2. 检查发电机

对发电机进行外观检查，包括多楔传送带的外观检查。

3. 拆解发电机并对主要零件进行检测

（1）检测转子总成，检测内容如图 1-3-8 ～图 1-3-10 所示。

（2）检测定子绕组，如图 1-3-11 所示。

（3）检测电刷总成，如图 1-3-12 所示。

（4）检测电压调节器，如图 1-3-13 所示。

图 1-3-6　拆卸发电机

图 1-3-7　检查多楔带

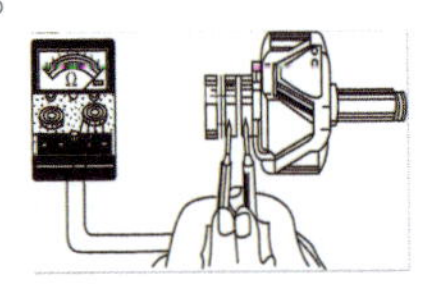

图 1-3-8　转子总成检测

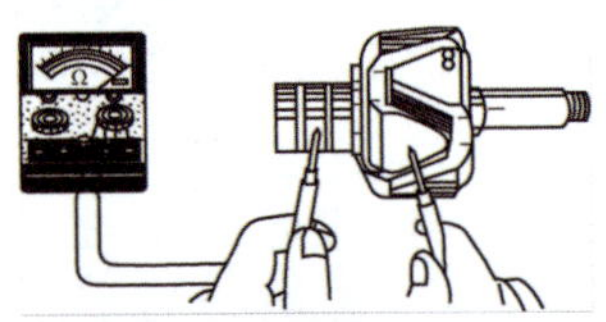

图 1-3-9　磁场绕组电阻测量

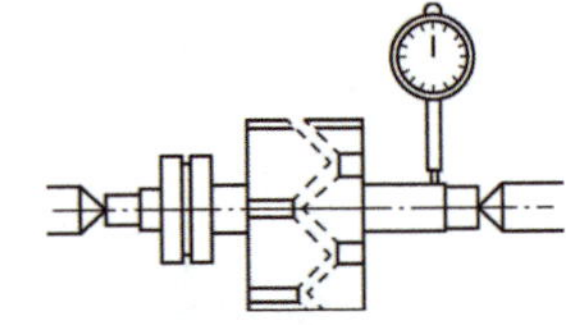

图 1-3-10　转子轴直线度的检查

图 1-3-11　检测定子绕组

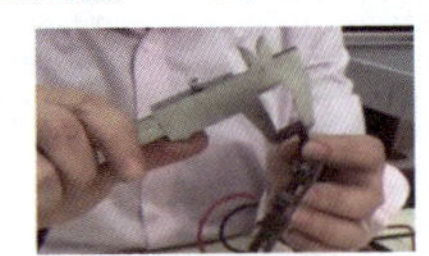

图 1-3-12　检测电刷总成

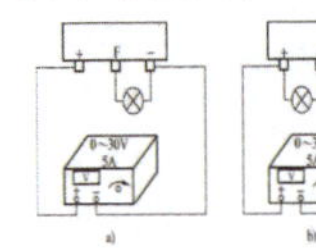

图 1-3-13　检测电压调节器

步骤五：故障排除验证

（1）更换蓄电池及发电机。

（2）打开点火开关，故障现象消失，故障排除，清除故障码。

视频

1-13 车辆完工操作

汽车电源发电机故障排除流程

发电机故障排除分流程图	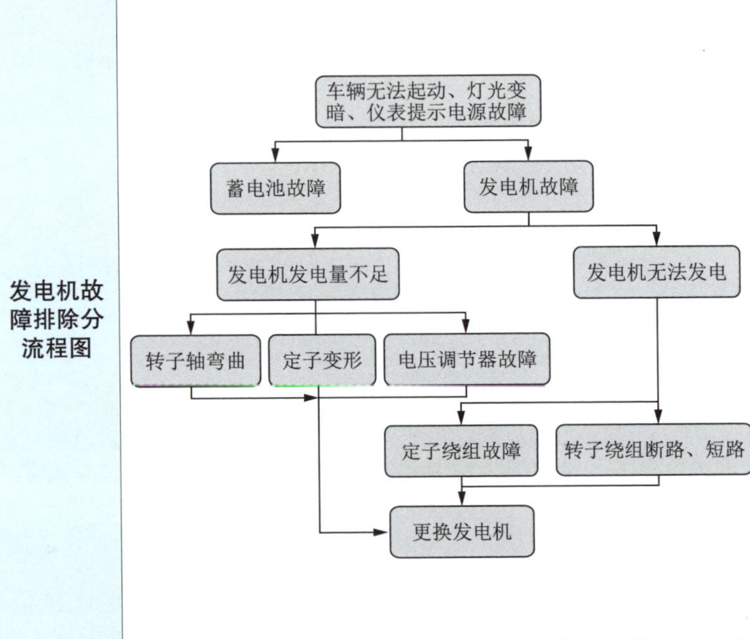

迈腾 1.8T 发动机高压油泵泵油过程

排故思路	• 根据故障现象：电源系统故障指示灯点亮，经对火操作使车辆起动后，发电机异响，发出“咣咣”撞击声，起动 15 min 后发动机自动熄火，初步判断故障可能为发电机发电量不足或无法发电。 • 检测发电机主要部件，主要是轴的直线度和定子变形，这会导致发电机异响。 • 检测发电机主要部件，主要是绕组及电压调节器，这会导致无法充电或充电量不足

故障判断要像侦探一样不放过任何一种可能。

任务测评

一、知识测评

确定本任务的关键词，按重要程度进行关键词排序并举例解读，然后根据自己对重要信息捕捉、排序、表达、创新和划分权重能力进行自评，满分 100 分，如表 1-3-2 所示。

表 1-3-2　排除汽车电源系统故障知识测评表

序号	关键词	举例解读	评分自定
1			
2			
3			
4			
5			
6			
7			
总分			

二、能力测评

对表 1-3-3 所列作业内容，操作规范即得分，操作错误或未操作即零分。

表 1-3-3　排除汽车电源系统故障能力测评表

序号	技能点	配分	得分
1	拆装蓄电池	20	
2	拆装发电机	20	
3	检修蓄电池	20	
4	检修发电机	20	
5	故障排除验证	20	
总分		100	

三、素养测评

对表 1-3-4 所列素养点，做到即得分，未做到即零分。

表 1-3-4　排除汽车电源系统故障素养测评表

序号	素养点	配分	得分
1	安全作业，无安全隐患	20	
2	保护环境，无乱扔乱倒	20	
3	规范标准，无野蛮操作	20	
4	团队协作，无不洽关系	20	
5	场地 5S	20	
总分		100	

四、拓展训练

（1）请列举出在排除汽车电源系统故障易出现的问题，分析产生问题的原因并制定解决问题的措施。（满分 25 分）

（2）发现 2018 款迈腾 1.8T 车型，全车无电，电源故障灯异常点亮，通过测量确定导致该现象的原因。制定检修流程并进行检修。（满分 25 分）

（3）侦探有敏锐的嗅觉，勘察线索，抽丝剥茧，条分缕析，最终破解谜团。汽车维修也同样需要侦探一样的敏锐，寻迹追踪，不放过任何一种可能，运用科学的方法，发现故障现象，分析故障原因，解决汽车疑难杂症。请按下列思维导图格式（见图 1-3-14），对检修电源系统的学习收获进行总结，并写出汽车电路排故方法。（满分 50 分）

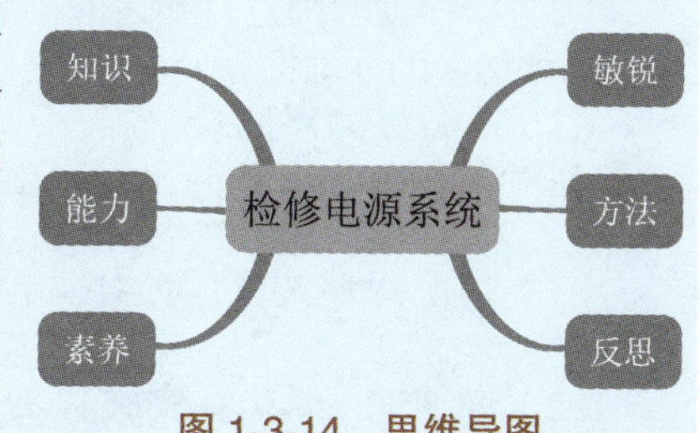

图 1-3-14　思维导图

学习笔记

学习考评

一、考评项目

根据所学，请对 2018 款迈腾 1.8 T 车型蓄电池进行维护及充电作业。

二、实施准备

1. 学生准备

学生在按照教学进度计划，已经完成了以下学习任务并达到 75 分以上，可进行该学习考评的实施。

（1）理解并完成学习考评需要的相关知识和方法的学习，得分大于 75 分。

（2）运用学习考评需要的相关知识和方法进行作业，得分大于 75 分。

（3）按时、按质、按量完成相应作业，得分大于 80 分。

（4）具有自觉遵守技术标准和要求规定、规范操作、安全、环保、5S 作业、团结协作的好习惯，得分大于 80 分。

（5）能制定 2018 款迈腾 1.8 T 车型蓄电池维护及充电作业流程。

2. 教师准备

（1）在安排学生实施学习考评前，通过课堂问题研讨、作业、实训和考核及其他方式，确认学生已经具备了实施学习考评所需的知识、技能和素养，并确保学生在安全状态下独立进行。

（2）对协助教师进行测评的学生进行测评和监督方法的培训，确保测评结果的准确性和公平性。

（3）准备好测评记录。

三、验证方法与标准

（1）每位测评人员负责对两名学生进行定点、全过程的监控和测评。

（2）详细记录学生在实施学习考评过程中的相关信息、数据、结果、操作方法、完成时间，以及出现错误、事故等情况。

（3）学习考评的作业过程和数据记录等，要求在 60 min 内完成，时间不足，可在即将结束时，口述剩余部分的作业方法。工单见附录 A。

（4）考评内容及标准参见下表。

序号	作业项目	考评内容	考评标准	配分	得分
1	拆装蓄电池	分解工艺	分解工艺错误扣 10 分	15	
		工具使用	工具使用不正确扣 5 分		
2	检测前准备	检查校验仪器仪表	未检查校验仪器仪表或校验方法不正确扣 5 分	10	
		对零部件进行检查或清洁处理	未对零部件进行检查或清洁处理扣 5 分		
3	查阅资料	正确查阅检修资料	未查阅或查阅不正确 0 分	10	
4	检查	项目的检查方法、检查标准	检查方法错误扣 5 分	20	
			检查结果有误差扣 5 分		
			技术标准不正确扣 5 分		
			漏项每项扣 5 分		
5	检测及维护	选择正确的工具	选择错误扣 5 分	25	
		使用方法正确	使用方法错误扣 5 分		
		检测步骤正确	检测步骤错误扣 5 分		
		检测数值准确	检测结果错误扣 5 分		
		操作熟练	操作不熟练扣 5 分		
6	安全文明生产	遵守规程、安全生产	违犯一项扣 1 分直至扣完	20	
		因违犯操作规程造成事故	因违规操作发生重大人身或设备事故，按 0 分计		
总分				100	

学习笔记

拓展阅读

思维导图与故障判断

一同进入 4S 店的两名学徒，都很努力，但三年之后，水平却有了很大差别，其中一个已经成长为独当一面的高手，这其中的一个重要因素就是思维判断能力的差异，因此，思维能力的训练是汽车维修技术提升的第一要事。

故障现象一：发动机正常运转时，充电指示灯一直不亮。

可能的故障原因：

（1）充电指示灯灯丝断路；熔丝烧断使指示灯线路不通。

（2）指示灯或调节器电源线路导线断路或接头松动。

（3）蓄电池极柱上的电缆线头松动。

（4）点火开关故障。

（5）发电机电刷与滑环接触不良。

（6）调节器内部电路故障，如调节器内部电子元件损坏而使大功率晶体管不能导通。

故障排除方法：

首先起动发动机并怠速运转，然后检查发电机充电系统能否充电。将充电指示灯不亮分为充电系统能充电和不能充电两种情况分别进行排除。接通点火开关时充电指示灯不亮，起动发动机后发电机又能发电，说明发电机充电系统正常；检查仪表盘上的充电指示灯是否正常，若灯丝断路，则需要更换。当接通点火开关充电指示灯不亮，起动发动机后发电机不能发电时，故障排除方法如下：首先断开点火开关，检查仪表熔丝。如果该熔丝断路，则更换相同规格的熔丝；如果熔丝良好，继续检查。接通点火开关，用万用表检测熔丝上的电压值，如果电压为零，说明点火开关以及点火开关与熔丝之间线路有故障，应予以检修或更换。

故障现象二：发动机起动后，仪表盘上的充电指示灯始终亮着，这说明发电机出现了不充电故障。

故障现象三：接通点火开关和发动机正常运转时，充电指示灯不稳定，时亮时灭。

故障现象四：汽车灯泡易烧，蓄电池温度过高且其电解液消耗过快。

思考

故障诊断需要形象思维、抽象思维、发散思维、联想思维等进行分析和判断，仿照故障现象一的思维模式，解决故障现象二、三、四，并将解决问题的过程分别画出思维导图。

学习笔记

项目二　检修汽车起动系统

一、项目描述

完成 2018 款迈腾配备 1.8 T 发动机 7 挡双离合变速器 ODE的汽车起动系统的检修与故障排除作业。

二、项目要求

符合 2016 款迈腾配备 1.8 T 发动机 7 挡双离合变速器 ODE 的汽车技术要求与标准，正确使用工具，完成如下作业：

（1）检修起动机作业。

（2）排除起动系统典型故障。

三、学习目标

（1）归纳汽车起动机拆装、检修作业方法。

（2）总结起动系统典型故障排除作业方法。

（3）规范地对起动机进行拆装、检修作业。

（4）规范地对起动系统常见故障进行分析、诊断与排除作业。

（5）完成“1+X”汽车维修工中级关于起动系统测试、检修部分的考核内容。

（6）养成自觉遵守技术标准和要求规定、规范操作、安全、环保、5S 作业、团结协作的好习惯。

（7）坚信每个人素质提高一小步，民族素质将提高一大步。

（8）掌握鱼骨图故障判断方法。

四、学习载体

迈腾 2016 款配备 1.8 L 发动机 7 挡双离合变速器 ODE 的汽车，起动发动机时，起动机不转，发动机无法起动。

默认已经完成内部防盗系统确认当前钥匙为已授权，15 电源已接通同时解除防盗，认为起动机已经可以运行，总线已全部实现唤醒。由下图所示起动机及迈腾 B8 起动机控制原理可知：起动机不转，则说明起动机本身故障或起动系统控制电路故障。

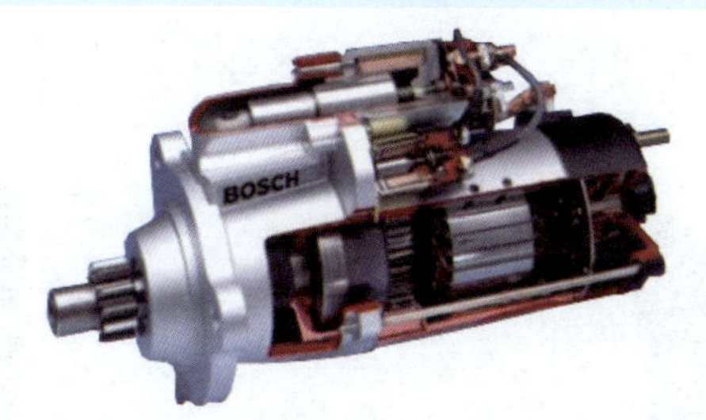

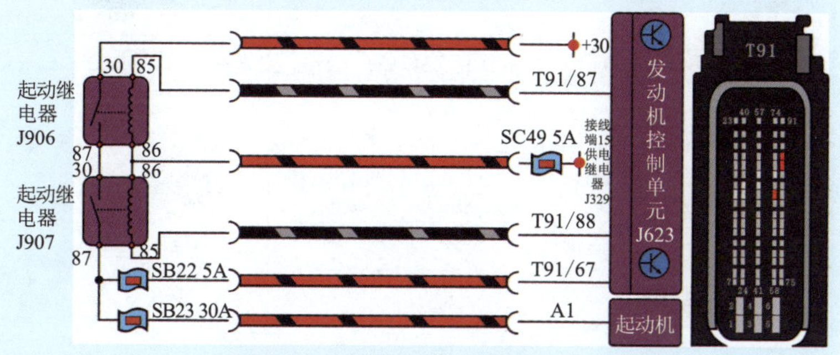

迈腾 B8 起动机及其控制电路

视频

2-1 起动系统组成

学习笔记

任务一　检修起动机

职业行动

步骤一：作业准备

1. 作业场地

选择环保且带有消防设施的作业场地。

2. 设备设施

2016 款迈腾配备 1.8 T 发动机、工具车、零件车、垃圾桶。

3. 工量辅具（见图 2-1-1）

表 2-1-1　工量辅具

套筒扳手组合套具	游标卡尺	万用表
百分表及磁性座	塞尺	扭力扳手

职业知识

起动机

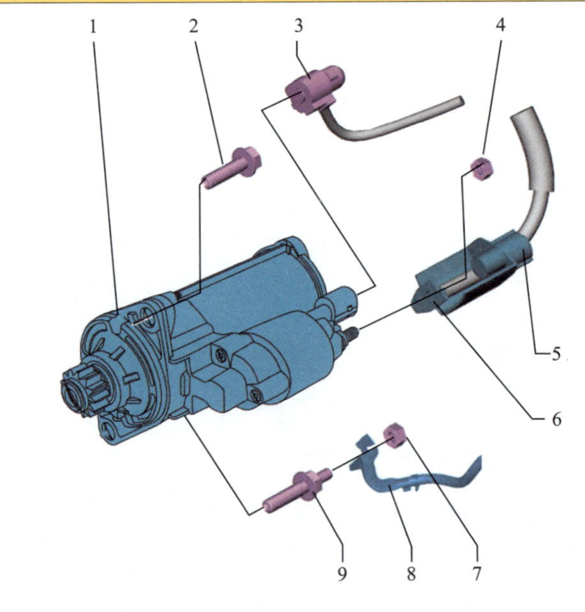

1—起动机；2—起动机固定螺栓；3—电气连接插头；4—接线端固定螺母；5—盖罩；6—接线端；7—接地线固定螺母；8—接地线；9—接地线固定螺栓

起动机装配技术要求：

起动机固定螺母、螺栓	螺母拧紧力矩：40 N•m，螺栓拧紧力矩：20 N•m
接地线固定螺母、螺栓	螺母拧紧力矩：40 N•m，螺栓拧紧力矩：20 N•m

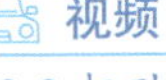
视频

2-2 起动机工作原理

没有思维模式意味着我们的思想就是散兵游勇。

步骤二：拆装起动机

1. 起动机拆卸与安装

找到起动机，按照由上至下、由外至内顺序拆卸，安装以逆序进行。

2. 拆卸蓄电池接地线

（1）打开蓄电池负极上方的盖板。

（2）将螺母旋开几圈，并将接地线的蓄电池接线端从蓄电池电极上拔下。

3. 拆卸空气滤清器壳体

（1）拧出盖板螺栓沿箭头方向松开卡止装置，取下盖板，如图 2-1-1 所示。

（2）脱开冷却液软管沿箭头方向松开卡止装置，如图 2-1-2 所示。

（3）取下空气导管上部件，拔下真空软管，松开软管卡箍，拆下空气导流软管将空气滤清器壳体向上从橡胶支座处拔出并翻出，如图 2-1-3 所示。

4. 拆下起动机

（1）拧下螺母，取下接地线，如图 2-1-4 所示。

（2）拧下螺栓，拔下插头，拧下起动机的螺母，取下接地线，拆下起动机，如图 2-1-5 所示。

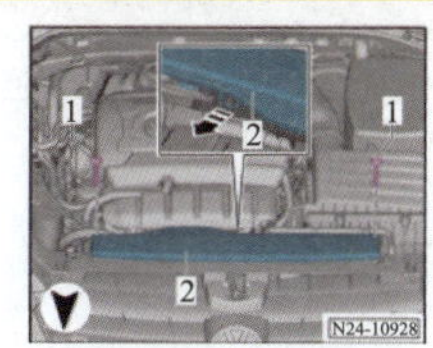

图 2-1-1　拆卸滤清器壳体盖板

1—螺栓；2—盖板

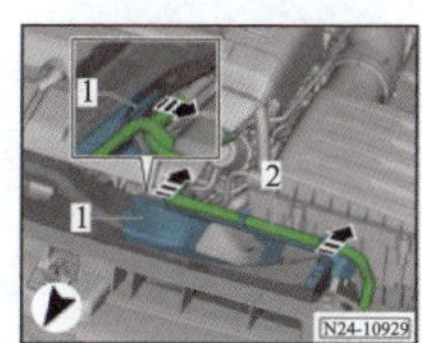

图 2-1-2　拆卸软管

1—导管上部件；2—真空软管

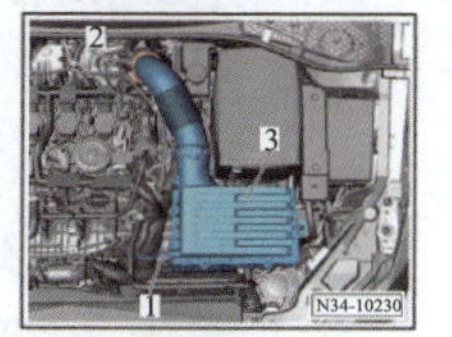

图 2-1-3　拆卸空气滤清器

1—真空软管；2—卡箍；3—滤清器

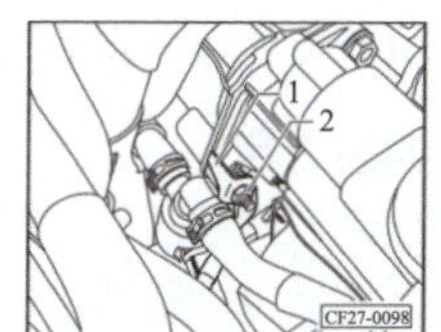

图 2-1-4　拆下接地线

1—螺母；2—接地线

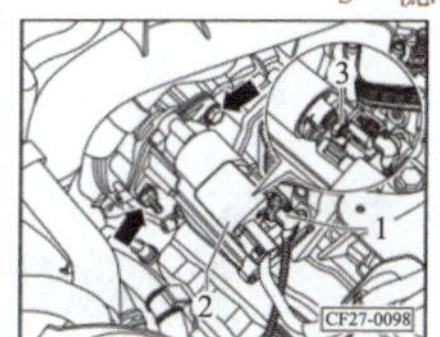

图 2-1-5　拆下起动机

1—螺栓；2—起动机；3—螺母

起动机安装位置

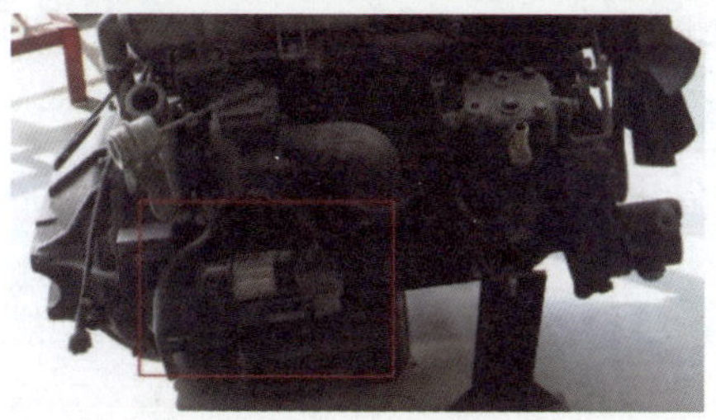

拆卸起动机要求

- 在拆装过程中，应避免用锤子、扳手等工具敲击起动机，以免损伤零部件。
- 起动机的拆装必须按照规定的步骤进行（不同型号的起动机解体与组装顺序有所不同，应按厂家规定的操作顺序进行），特别是分解作业规定不能分解的部件或总成绝不可随意分解（如电磁开关、定子铁芯及绕组）。
- 应按要求仔细分析起动机的构造、部件的工作原理、装配关系以及线路的连接等。
- 拆下的零件应按先后顺序依次排列好，以免装配时出错或遗漏。
- 组装各螺栓应按规定转矩旋紧，应检查调整各部分间隙

拆卸空气滤清器壳体技术要求

盖板螺栓 1	拧紧力矩：2 N•m

安装空气滤清器壳体要求

- 装配空气导流软管时请使用润滑剂（不含硅树脂的）。
- 用符合系列标准的软管卡箍固定所有软管连接。
- 检查导流软管（纯净空气侧）上是否有盐残留物、污物和树叶。
- 检查至空气滤清器滤芯的进气通道内是否有污物。
- 安装空气滤清器壳体，同时注意排水软管。
- 排水软管必须笔直向下铺设

学习笔记

视频 

2-3 拆卸与安装迈腾起动机

没有思维模式意味着我们的思想就是散兵游勇。

学习笔记

步骤三：拆解起动机

（1）拆下接线柱的紧固螺母（见图 2-1-6），取下连接线，如图 2-1-7 所示。

（2）使用扳手拆卸电磁开关固定螺母，取下电磁开关，如图 2-1-8 所示。

（3）使用十字螺丝刀拆卸后端盖上电刷的两颗固定螺栓，如图 2-1-9 所示。

（4）使用短接杆加套筒拆卸起动机长螺栓，并取出螺栓，如图 2-1-10 所示。

（5）取下后端盖，如图 2-1-11 所示。

（6）取下磁极、电刷架、电枢。

（7）取下单向离合器、拨叉、行星齿轮，如图 2-1-12 所示。

图 2-1-6　拆卸接线柱螺母

图 2-1-7　取下连接线

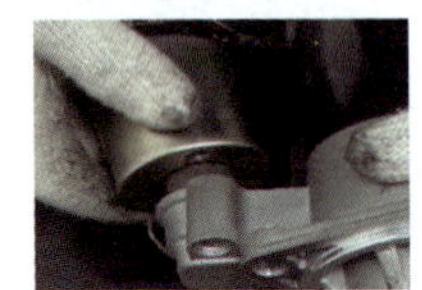

图 2-1-8　取下电磁开关

图 2-1-9　拆卸固定螺栓

图 2-1-10　拆起动机螺栓

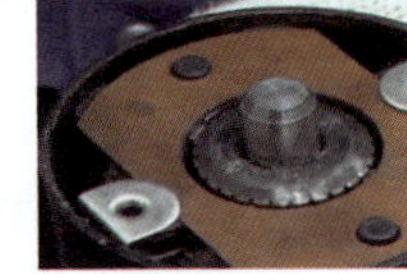

图 2-1-11　取下后端盖

图 2-1-12　完成拆解并有序码放

起动机主要部件及功用

部件		功用
单向离合器		• 带动发动机飞轮转动。点火开关打开，单向离合器和驱动齿轮一起与发动机飞轮啮合，进而驱动齿轮转动，带动发动机飞轮转动。 • 分离作用。点火成功后，发动机转速远大于起动机转速，单向离合器使十字块与外壳脱开，起到分离作用
行星齿轮		• 保证传动。行星齿轮在内侧与太阳轮啮合，在外侧与内齿圈啮合，一般内齿圈固定不动，太阳轮压在电枢轴上，三个行星齿轮的轴压在一个托架盘上。 • 减速增扭。电枢轴减速是靠三个行星齿轮和一个内齿轮的相互作用而实现的，当电枢轴转动时，行星齿轮反向转动，并试图带动内齿轮转动，由于内齿轮是固定的，所以行星齿轮本身被迫在内齿圈上旋转
拨叉		• 控制齿轮啮合或分离。当转动钥匙到启动位置时，起动机上的线圈通电，吸动衔铁使电枢通电，拨叉移动小齿轮与飞轮大齿圈啮合起动发动机

没有思维模式意味着我们的思想就是散兵游勇。

步骤四：起动机主要部件检修

1. 电枢的检查

（1）通过接触永久磁铁检查电枢是否磨损或损坏。如果有磨损或损坏，则更换电枢。

（2）检查换向器直径。如果测得直径在使用极限以下则更换电枢。

（3）测量换向器径向圆跳动量。

（4）检查电枢断路、短路故障、磁场绕组绝缘状况。

2. 起动机电刷的检查、电刷架的测试

（1）测量电刷的长度如果比使用极限短，则更换电刷架总成电刷。

（2）检查电刷 A 和电刷 B 之间是否导通，如果导通，更换电刷架总成。

3. 行星齿轮的检查

检查行星齿轮 A 和内齿圈 B。如果磨损或损坏，将其更换，如图 2-1-13 所示。

4. 单向离合器检查

（1）沿轴滑动超越离合器 A，如果不能平稳地滑动，则将其更换。

（2）固定主动齿轮，转动超越离合器。确保超越离合器在相反方向锁止，如果不能锁止，则更换超越离合器总成，如图 2-1-14 所示。

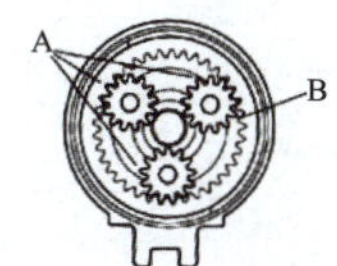

图 2-1-13　行星齿轮检查

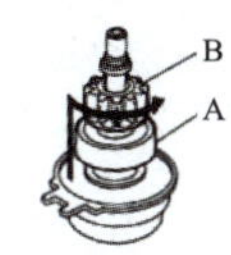

图 2-1-14　离合器检查

（3）如果起动机主动齿轮磨损或损坏，则更换超越离合器总成；齿轮不能单独更换。

（4）检查变矩器齿圈情况。如果起动机主动齿轮损坏，则将其更换。

起动机工作过程		
机械部分工作过程	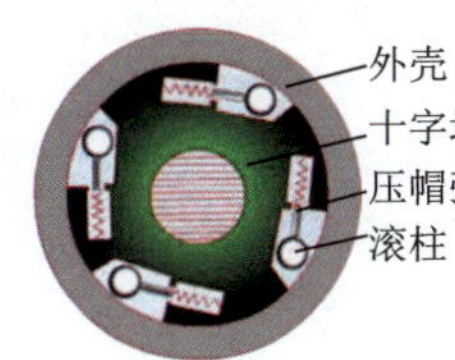	• 起动发动机时，传动拨叉使移动套沿电枢轴移动，压缩缓冲弹簧。离合器总成与起动小齿轮沿电枢轴移动，使起动小齿轮与发动机飞轮啮合。 • 控制装置接通起动机电路，起动机输出电磁转矩。转矩由传动套筒传至十字块，十字块与电枢轴一同转动。飞轮齿瞬间制动，使滚柱滚入楔形的容器而卡死。于是起动小齿轮和传动套成为一体，带动飞轮转动
电路控制部分工作过程	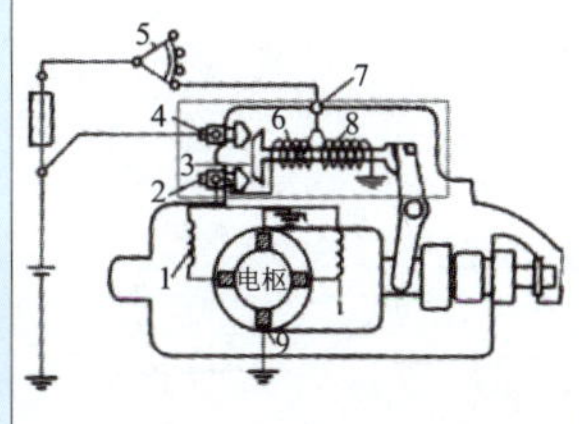1—励磁线圈；2—C 端子；3—旁通接柱；4—30 端子；5—点火开关；6—吸拉线圈；7—50 端子；8—保持线圈；9—电刷	• 打开点火开关，接通吸拉线圈和保持线圈：电池正极→熔断器→点火开关→接线柱 7→分两路、一路经吸拉线圈→主电路接线柱 C→励磁线圈→电枢绕组→搭铁→蓄电池负极；另一路经保持线圈→搭铁→蓄电池负极。 • 吸拉线圈与保持线圈产生的磁场方向相同，活动铁芯克服回位弹簧的弹力而被吸入。拨叉将起动小齿轮推出使其与飞轮啮合。 • 齿轮啮合，接触盘将触点接通，电池向励磁绕组和电枢绕组供电，起动机转动，吸拉线圈短路，齿轮啮合位置由保持线圈来保持

电刷的长度
标准 15.0 ～ 16.0 mm，使用极限 9.0 mm

检修单向离合器单向性技术标准
一方向可以转动，另一方向用 25 N 力检查其是否可以转动，如果无法转动，则良好

学习笔记

学习笔记

任务测评

一、知识测评

确定本任务的关键词，按重要程度进行关键词排序并举例解读，然后根据自己对重要信息捕捉、排序、表达、创新和划分权重能力进行自评，满分 100 分，如表 2-1-2 所示。

表 2-1-2　检修起动机知识测评表

序号	关键词	举例解读	评分自定
1			
2			
3			
4			
5			
6			
总分			

二、能力测评

表 2-1-3 所列作业内容，操作规范即得分，操作错误或未操作即零分。

表 2-1-3　检修起动机能力测评表

序号	技能点	配分	得分
1	拆卸起动机	20	
2	拆解起动机	20	
3	起动机主要零件检修	20	
4	组装起动机	20	
5	装配起动机	20	
总分		100	

三、素养测评

对表 2-1-4 所列素养点，做到即得分，未做到即零分。

表 2-1-4　检修起动机素养测评表

序号	素养点	配分	得分
1	安全作业，无安全隐患	20	
2	保护环境，无乱扔乱倒	20	
3	规范标准，无野蛮操作	20	
4	团队协作，无不洽关系	20	
5	场地 5S	20	
总分		100	

四、拓展训练

（1）请列举出在检修起动机的过程中易出现的问题，分析产生问题的原因并制定解决问题的措施。（满分 25 分）

（2）现 2016 款迈腾 B8 配备 1.8 L TSI 发动机 7 挡双离合变速器 ODE 的汽车，起动机异响，请通过测量确定导致该现象的原因。制定检修流程并进行检修。（满分 25 分）

（3）思维方式，决定一个人的格局、视野。鱼骨图是系统思维工具，如果你对每一个故障现象都能画一张故障鱼骨图，坚持一年，会积累 365 张鱼骨图，你就会发现自己的与众不同。请按下列思维导图格式（见图 2-1-15），对检修起动机的学习收获进行总结，同时使用鱼骨图对检修起动机做一个分析案例。（满分 50 分）

图 2-1-15　思维导图

没有思维方式意味着我们的思想就是散兵游勇。

任务二　排除起动机不运转故障

职业行动

步骤一：检查故障车辆

2018 款迈腾配备 1.8 T 发动机 7 挡双离合变速箱 ODE 的汽车，起动发动机时，起动机不转，发动机无法起动。

步骤二：作业准备

1. 作业场地

选择带有消防设施的汽车检测工位（包含车辆迈腾 B8）。

2. 工量辅具（见表 2-2-1）

表 2-2-1　工量辅具

套筒扳手组合套具	万用表	故障诊断仪
汽车测试线	示波器	三件套

3. 耗材

车辆维修需要更换的零件，如熔丝、继电器、蓄电池或起动机等。

职业知识

故障诊断仪

使用方法		
使用方法	（1）把插头插入汽车的 OBD 接口 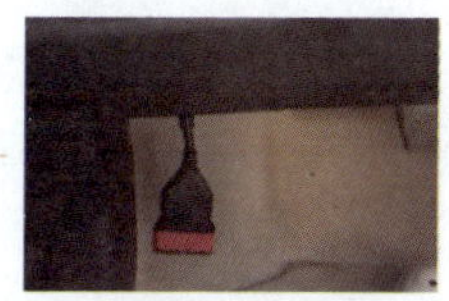	（2）按下汽车的一键起动键接通电源 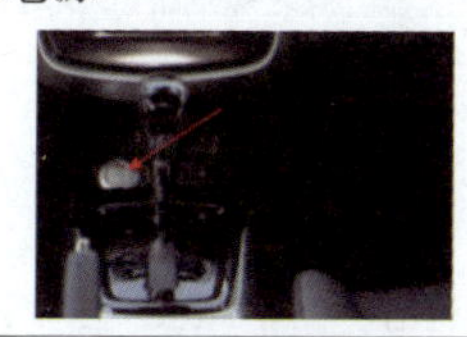
	（3）点击与汽车品牌相同的图标 	（4）点击确认按键 
	（5）选择第一个 16 针选项 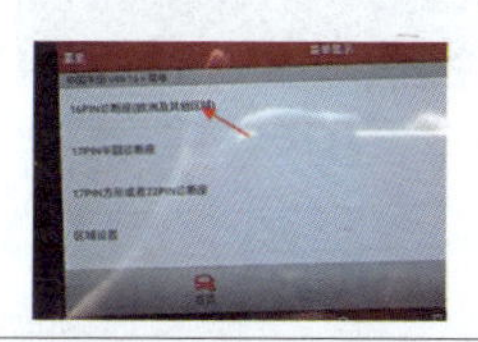	（6）点击自动搜索，系统找到车辆型号 
	（7）系统自动扫描后会显示各系统状态 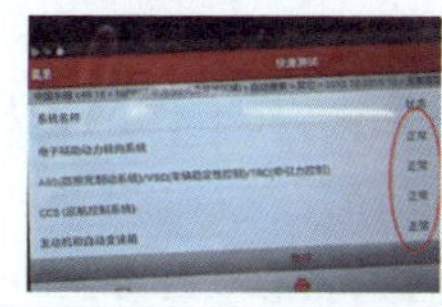	（8）点进一个条目中，进行故障处理 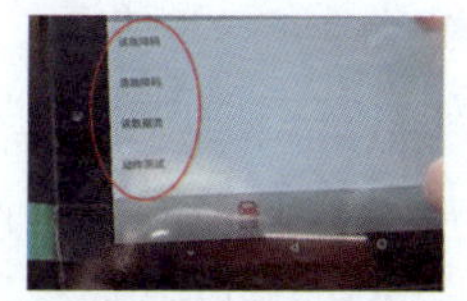

学习笔记

步骤三：确认故障现象

1. 打开点火开关，观察仪表指示灯及发动机控制单元（EPC）灯

（1）仪表指示灯不能正常点亮

① 点火信号没有送达仪表控制单元。

② 仪表供电或本身异常。

③ 车载电网控制单元供电以及本身异常。

④ 至仪表数据通信异常。

（2）仪表上 EPC 灯一直熄灭（别的仪表指示灯正常）

此时仪表本身可能存在异常。仪表正常显示状态如图 2-2-1 所示。

（3）仪表上 EPC 灯一直点亮，系统存在异常。

① 发动机 EPC 系统异常。

② 至仪表数据通信异常。

图 2-2-1　点火开关打开时迈腾 B8 组合仪表正常显示状态图

2. 观察踩下制动踏板提示

踩下制动踏板，起动发动机，观察仪表上“踩下制动踏板”提示。

3. 检查变速器变速杆位于 P 位或 N 位，并观察仪表上挡位显示和实际变速杆位置

如果某一项出现异常，应结合其结构和工作原理检查起动机电磁开关控制信号、电磁开关反馈信号、继电器 J906、继电器 J907、J906 的线圈电源、熔丝、线路以及部件本身。

 视频

2-4 起动系统电路原理 V1

视频

2-5 起动系统电路原理 V2

迈腾 B8 起动控制原理

原理图	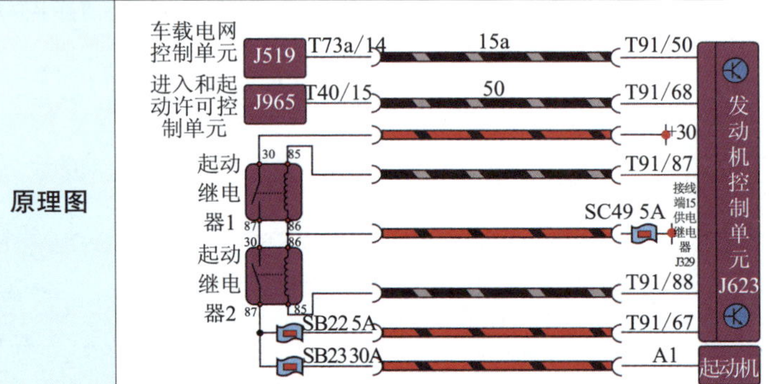
控制原理	• 发动机控制单元供电。按起动键至 ON 挡，点火信号传输给进入和起动许可控制单元 J965，J965 将点火信号输入车载电网控制单元 J519，J519 接通端子 15，供电继电器 J329 使其工作，同时 J519 端子 T73a/14 向 J519 提供点火开关电源，发动机控制单元 J623 工作，J623 接通主继电器和发动机部件供电继电器 J757 使其工作，J623 主电源先通过蓄电池正极到主继电器触点，再至熔丝来提供。 • 起动信号通信。变速杆处于 P 位或 N 位，踩制动踏板，按下一键起动按钮，起动信号传输给进入和起动许可控制单元 J965，J965 将起动允许信号通过 T40/15 至 T91/68 发送给发动机控制单元 J623，接通起动继电器 J906 和 J907 线圈搭铁回路，线圈工作，触点闭合。 • 起动机电磁线圈供电。电源“+30”通过 J906 触点进入 J907 触点，再通过 SB23 的熔丝将电源供给起动机电磁线圈端子，起动机电磁线圈工作，单向离合器的小齿轮被推出，起动机电磁继电器触点闭合，蓄电池电压进入起动机转子和定子，起动机运转，带动飞轮旋转进而起动发动机

关注细节是一种功力。

步骤四：检查起动机电磁开关控制信号

1. 确保插接件、紧固件连接可靠、无锈蚀、无破损

此电源是在点火开关置于 ST 挡时的蓄电池电压，同时该电源还通过熔丝 SB23 件测试。熔丝 SB22 和起动机共用电源，在此检测时不考虑其他系统以及元器件工作状态，只考虑起动机不工作故障。

2. 测量起动机的 A1 端子对搭铁电压

点火开关置于 ST 挡时，A1 端子对搭铁电压应从 0 切换到蓄电池电压 +B，0 ～ +B，则检查起动机；若测试结果为 0 或 0 ～ 0.1V ～ +B 间某值，结果异常，需要继续检测。

3. 测量熔丝 SB23 两端对搭铁电压

点火开关置于 ST 挡时，SB23 两端对搭铁电压，结果为 0 ～ +B，0 ～ +B，原因是 SB23 至起动机 50 端子间线路断路或虚接，需要检查线路的导通性；结果为 0，0 时，熔丝 SB23 供电线路断路，需要测量 J907/87 对搭铁电压；结果均在 0 ～ 0.1V ～ +B 间时，熔丝 SB23 供电线路虚接，需要测量 SB23 熔丝与 J907 的 87 之间线路的导通性；结果为 0 ～ +B,0 ～ 0.1V ～ +B 间时，熔丝虚接，更换 SB23，如图 2-2-2 所示。

图 2-2-2　熔丝位置

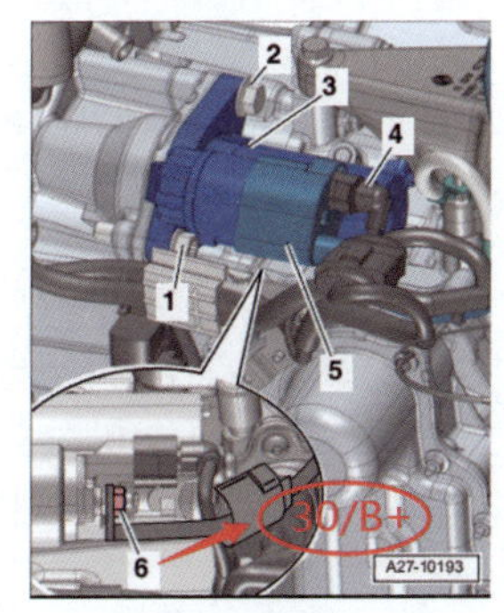

图 2-2-3　起动机接线端 30/B+

1、2—固定螺栓；3—起动机；4—接地固定螺母；5—正极连接盖罩；6—起动机接线端

迈腾 B8 起动机电路排故流程

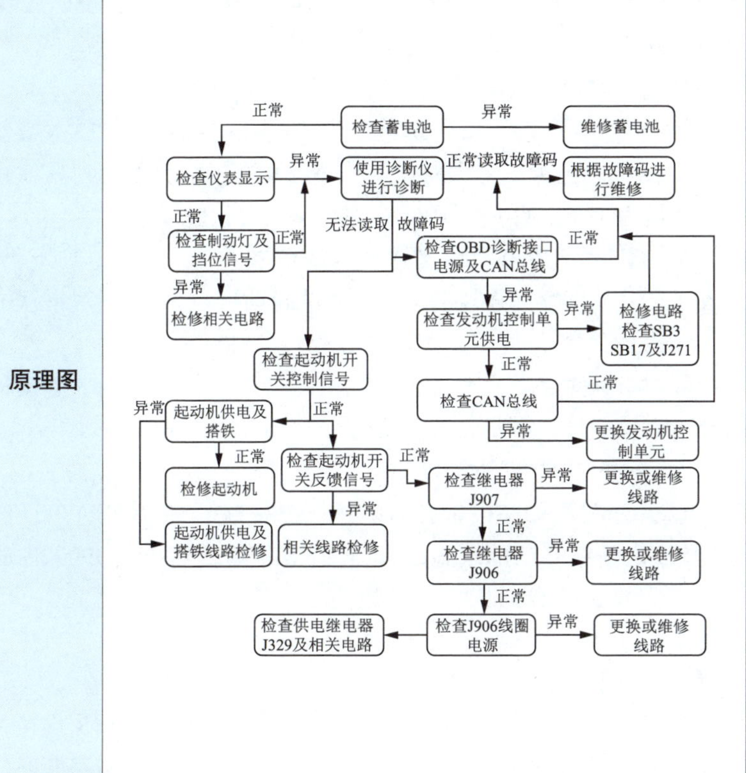

故障码诊断方法

- 读取故障码，查阅资料了解故障码的定义和生成条件。
- 必须验证故障码的真实性。通过清除故障码、模仿故障工况运行车辆，再次读取故障码；通过数据流或在线测量值来判定故障真实性，并由此展开系统测量

学习笔记

视频

2-6 迈腾起动机故障检修

学习笔记

4. 检查 SB23 与起动机 50 端子间线路的导通性

关闭点火开关，导线端对端电阻小于 2 Ω 时，线束插接器故障，检修插接器；结果为无穷大或大于 5 Ω 时，SB23 与起动机 50（A1）端子间线路断路或虚接，需要检修线路，如图 2-2-3 所示。

5. 检查控制线路是否对搭铁断路

关闭点火开关，先拔掉起动机插接器、熔丝 SB23、熔丝 SB22，测试电阻为无穷大时，则检查起动机或元件是否对搭铁短路，结果为小于 2 Ω 时，则线路短路，需要检修线路。

6. 检查起动机或元件是否对搭铁短路

关闭点火开关，连接起动机，测量起动机的 50 端子对搭铁电阻，结果为无穷大时，更换熔丝 SB23，结果小于 2 Ω 时，起动机内部对搭铁短路，需要更换起动机，结果大于 5 Ω 时，起动机内部对搭铁虚接，需要更换起动机。

7. 测量 J907/87 对搭铁电压

点火开关由 ON 挡推至 ST 挡，结果为 0 ～ +B 时，J907/87 与 SB23 之间线路断路或虚接，需要测量 SB23 熔丝与 J907 的 87 端子之间线路的导通性；结果始终为 0 或在 0 ～ +B 之间，J907 及其相关电路故障，需要检查 J907 及其电路。

8. 测量 SB23 熔丝与 J907 的 87 端之间线路的导通性

断开继电器 J907 和熔丝 SB22，结果小于 2 Ω 时，插头虚接，需要检查 J907 及其电路，结果大于 5 Ω 或无穷大时，线路断路或虚接，则检查线路。

9. 检查线路的断路、短路和虚接

将导线或熔丝取下，用万用表欧姆挡测量其电阻。结果为无穷大时，则断路；结果小于 2 Ω 时，则短路；结果大于 5 Ω 时，则虚接。

起动机电磁开关控制信号故障分析

从迈腾 B8 起动机控制原理图可以看出，系统通过 J907 和熔丝 SB23 给起动机供电，起动机自身搭铁，针对起动机电磁开关控制信号的常见故障如下：

- 起动机 50 端子（A1）的控制电源线路断路。
- 起动机 50 端子（A1）的控制电源线路虚接。
- 起动机 50 端子（A1）供电电源线路对搭铁短路。
- SB23 熔丝断路。
- SB23 熔丝电路故障

检查起动机电磁开关控制信号流程

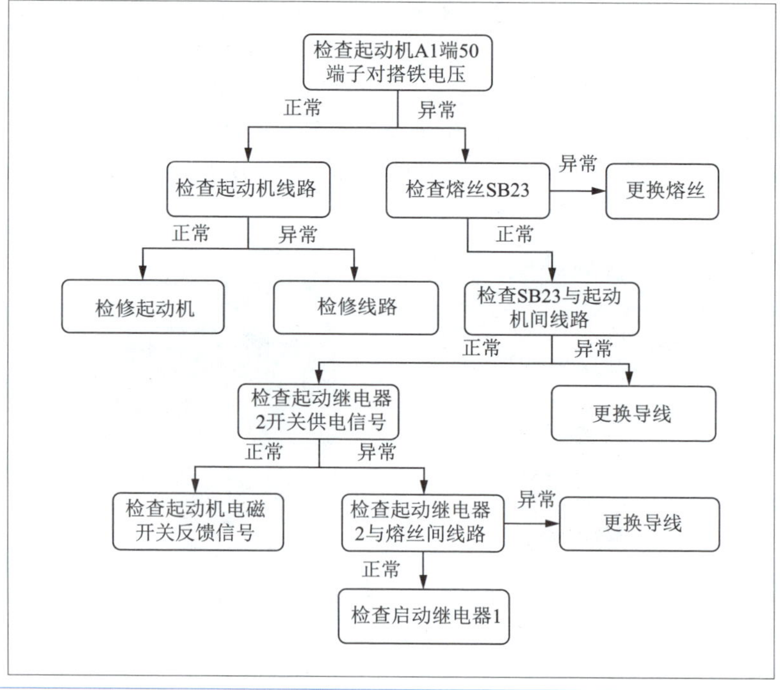

关注细节是一种功力。

步骤五：检查起动机电磁开关反馈信号

1. 检查插接件、紧固件

检查插接件、紧固件连接可靠、无锈蚀、无破损。

2. 测量发动机控制单元 J623 的 T91/67 端子对搭铁电压

点火开关推到 ST 挡位置，结果为 0 ～ +B 时，则检查插接器；结果始终是 0 或在 0 ～ 0.1 V ～ +B 之间时，则检查熔丝 SB22 对搭铁电压，J623 位置如图 2-2-4 所示。

3. 测量熔丝 SB22 两端对搭铁电压

点火开关推到 ST 挡位置，结果为 0 ～ +B，0 ～ +B 时，则检查 SB22 至 T91/67 端子间线路导通性；结果为 0，0 时，则熔丝 SB22 供电线路断路，需要测量 J907/87 对搭铁电压；结果为 0，0 ～ +B 时，则熔丝损坏，需要更换熔丝；结果均为 0 ～ 0.1 V ～ +B 时，则熔丝 SB22 供电线路虚接，需要测量熔丝 SB22 与 J907 的 87 端子之间的线路导通性；结果为 0 ～ +B，0 ～ 0.1 V ～ +B 时，则熔丝虚接，需要更换熔丝。

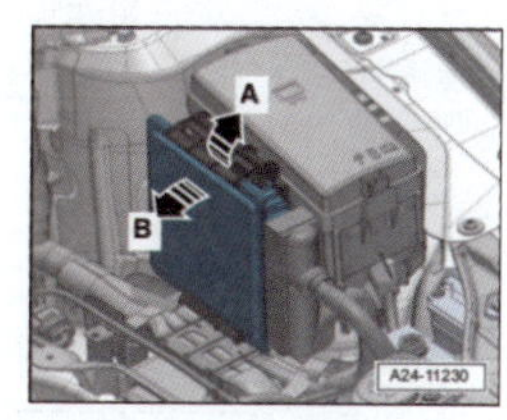

图 2-2-4　发动机控制单元（J623）位置

4. 检查熔丝 SB22 与 T91/67 端子间线路的导通性

关闭点火开关，结果小于 2 Ω 时，需要检修插接器；结果为无穷大时，则 SB22 与 T91/67 端子间线路断路，需要检修线路；结果大于 5 Ω 时，则 SB22 与 191/67 端子间线路虚接，需要检修线路。

5. 熔丝更换

（1）拆卸熔丝 SB22，目测熔丝没有变形、熔断，并测量熔丝两端插脚电阻，正常结果应小于 2 Ω，若不符合结果则更换熔丝。

迈腾 B8 起动系统供电原理

原理图

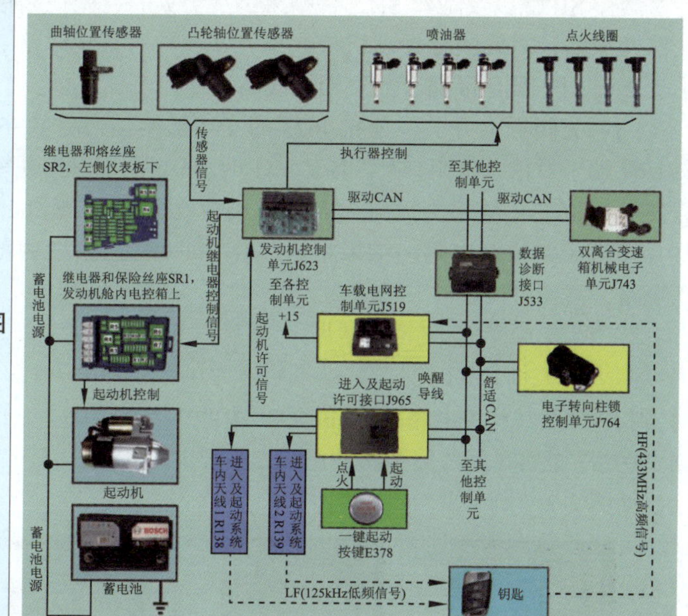

总线供电原理

- 接通 15 电源。按下起动按钮 E378，进入及起动许可控制单元 J965 开始处理信号并唤醒舒适 CAN 总线系统，同时查询防盗锁止系统控制单元是否允许接通 15 电源。
- 唤醒 CAN 总线。进入及起动许可控制单元 J965 通过车内天线发送一个查询码给已匹配的钥匙，授权钥匙识别到该信号后向 J519 返回一个应答器数据，J519 将该数据转发给防盗锁止系统控制单元，防盗锁止系统控制单元通过比对确认是否为已授权钥匙。如果为授权钥匙，则防盗锁止系统控制单元通过舒适 CAN 总线向电子转向柱锁控制单元发送一个解锁命令，以打开电子转向柱。同时 J965 通过 CAN 总线向 J519 发送消息，J519 接通 15 电源。其他的 CAN 总线将通过数据总线诊断接口进行唤醒

学习笔记

学习笔记

（2）关闭点火开关，拔掉发动机控制单元 J623 的 T91 接插件、熔丝 SB22 以及熔丝 SB23，结果为无穷大时，则控制单元或元器件短路，需要测量发动机控制单元或元件对搭铁线路；结果小于 2 Ω 时，线路断路，需要检修线路。

（3）关闭点火开关，连接 J623 的 T91 插接件，测量 J623 的 T91/67 端子对搭铁电阻，结果小于 2 Ω 时，J623 内部对搭铁短路，需要更换 J623；结果为无穷大时，连接熔丝 SB23，测量 J623 的 T91/67 端子对搭线电阻，结果小于 2 Ω 时，熔丝 SB23 内部对搭铁短路，需要更换熔丝，结果为无穷大时，需要继续测量。

6. 测量 J907/87 对搭铁电压

点火开关推到 ST 挡位置，结果始终为 0 或为 0 ～ +0.1 V ～ +B 时，则 J907 及其相关电路故障，需要检测 J907；结果为 0 ～ +B 时，则 J907/87 至熔丝间线路断路或虚接，需要继续测量，万用表测量示数如图 2-2-5 所示。

始终为 0

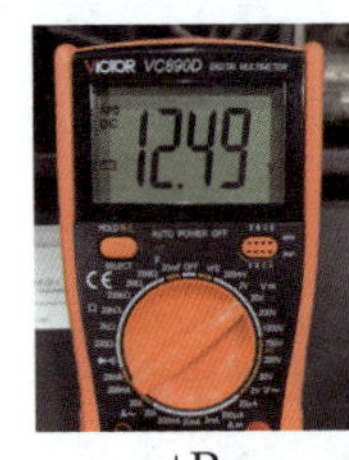

+B

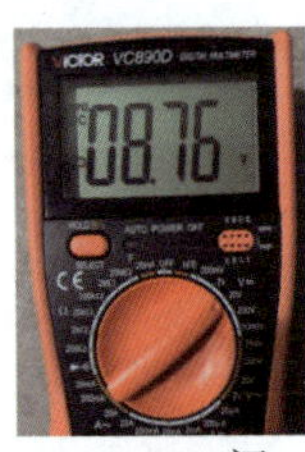

0 ～ +B 间

图 2-2-5 万用表测量示数

7. 使用万用表测量熔丝 SB22 与 J907 的 87 之间线路的导通性

断开继电器 J907 和熔丝 SB22，结果为无穷大时，则线路断路，需要检修线路；结果为大于 5 Ω 时，则线路虚接，需要检修线路；结果为小于 2 Ω 时，则 J907 及其相关电路故障，需要检查 J907 及其相关线路。

起动机电磁开关反馈信号故障分析

从迈腾 B8 起动机供电原理图可以看出，起动机电磁开关反馈信号由 +30 通过继电器 J906、J907 到熔丝 SB22 至 J623 的 191/67 引脚对起动机电磁开关反馈信号异常。可能的故障点如下：

- 起动机电磁开关反馈信号线路断路。
- 起动机电磁开关反馈信号线路虚接。
- 熔丝 SB22 断路。
- 熔丝 SC22 供电线路断路。
- 熔丝 SC22 供电线路虚接（需要根据实际车辆验证）

检查起动机电磁开关反馈信号流程

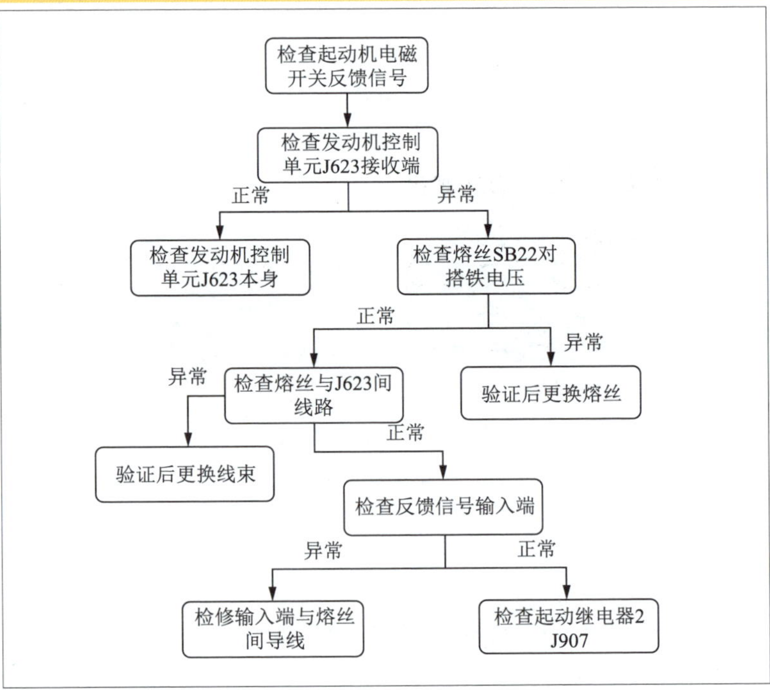

关注细节是一种功力。

步骤六：继电器 J906（R1）的检查

1. 通过听觉或触觉对继电器功能进行初步判断

找到发动机舱内电控箱上的 R1 继电器，一个人在车内起动发动机，另一个人在车外应能感觉到或听到此继电器是否动作。

2. 测量起动继电器 J906 的 87 端子对搭铁电压

点火开关推到 ST 挡位，测量结果为 0 ～ +B 时，则 J906 完好，需要进行其他检查；测量结果始终为 0 时，则继电器无输出，需要对 J906 的 30 端子进行测量；测量结果为 0 ～ 0.1 V ～ +B 时，则继电器供电线路虚接，同样需对 J906 的 30 端子进行测量。

3. 测量起动继电器 906 的 30 端子对搭铁电压

测量结果为 0 或 0 ～ 0.1 V ～ +B 时，则供电线路故障，需要检修 30 端供电线路；测量结果为 +B 时，则 J906 自身故障或供电和控制电路故障，需要测量起动继电器 J906 的 86 端子对搭铁电压。

4. 测量起动继电器 J906 的 86 端子对搭铁电压

打开点火开关，测量结果为 0 或 0 ～ 0.1 V ～ +B 时，则 J906 的线圈供电线路异常，需要检测起动继电器供电线路。

5. 测量起动继电器 J906 的 85 端子对搭铁电压

点火开关由 ON 挡推至 ST 挡，测量结果始终为 +B 时，则线圈控制电路断路，需要测量起动继电器 J906 的 85 端子对搭铁电压；测量结果始终为 0 时，则继电器线圈断路，需要测量继电器；测量结果为 0 ～ 0.1 V ～ +B 时，则 85 端子与 T91/87 端子间线路虚接或 J623 故障，需要测量继电器 J906 的 85 端子与 J623 的 T91/87 端子间线路的导通性。

6. 测量继电器 J906 的 85 端子与 J623 的 T91/87 端子间线路导通性

关闭点火开关，测量结果为无穷大时，则电路断路，需要检修线路；测量结果大于 5 Ω 时，则线路虚接，需要检修线路；测量结果小于 2 Ω 时，则 J623 本身故障，需检查 J623 及线路。

继电器 J906 故障分析

点火开关置于 ST 挡时，J623 控制 J906 工作，触点闭合，蓄电池电源由 J906 的 87 端子输出至起动继电器 J907 的 30 端子，由此起动继电器 J906 常见故障如下：

- J906 自身故障 (电磁线圈)。
- J906 的线圈供电线路断路。
- J906 的线圈供电线路虚接。
- J906 的线圈供电线路对搭铁短路 (SC49 损坏)。
- J906 的线圈控制电路断路。
- J906 的线圈控制线路虚接。
- J906 主供电线路断路（触点无法闭合）。
- J906 主供电线路虚接（触点虚接）

继电器 J906 安装位置及引脚分布

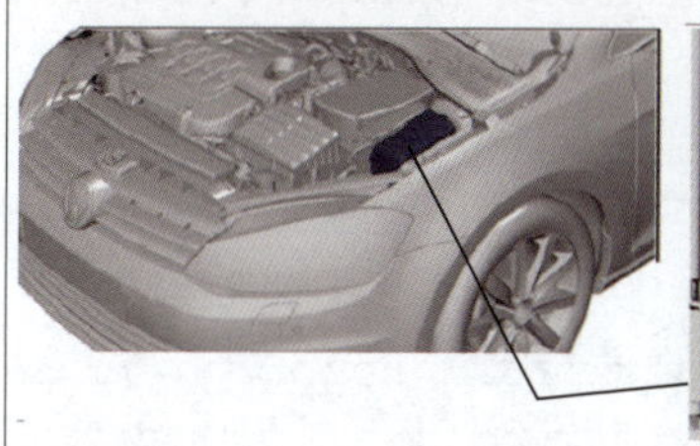

1—86 引脚
2—85 引脚
3—30 引脚
5—87 引脚

继电器 J906 安装位置及引脚分布

- 开路检测。可用万用表法检查判断电器的好坏、用万用表 $R\times0$ 检查 86 引端子与 85、30 引端子与 87 应连通。而 30 引脚与 87 引脚间电阻应为 ∞。如果检得结果与上述规律不符，说明继电器有问题。
- 加电检测。如果上述检查无问题，可在 85 引脚与 86 引脚间加 12 V 供电，用万用表检查 30 引脚与 87 引脚应导通。如果不符合上述规律，或通电后继电器发热，均说明其已损坏。其他各种继电器均可按上述方法进行检测判断

学习笔记

视频

2-7 继电器工作原理

视频

2-8 继电器的检测

学习笔记

步骤七：继电器 J907（R2）的检查

1. 测量起动继电器 J907 的 87 端子对搭铁电压

点火开关推到 ST 挡位置，测量结果始终为 0，则继电器无输出，需要测量 J907 的 30 端子对搭铁电压；测量结果为 0 ～ 0.1 V ～ +B 时，则继电器供电线路虚接，需要测量 J907 的 30 端子对搭铁电压；测量结果为 0 ～ +B 时，则继电器完好，需要对其他元件进行测量。

2. 测量起动继电器 J907 的 30 端子对搭铁电压

测量结果为 0 或 0.1V ～ +B 时，则供电线路故障，需要检修供电线路；测量结果为 +B 时，则 J907 本身或线路供电和控制电路故障，需要测量 J907 的 86 端子对搭铁电压。

3. 测量起动继电器 J907 的 86 端子对搭铁电压

打开点火开关，测量结果为 0 时，则 J907 的线圈供电线路异常，需要检查起动继电器线圈；测量结果为 0.1 V ～ +B 时，则 J907 的线圈供电线路虚接，需要检查起动继电器线圈；测量结果为 +B 时，则 J907 及线圈控制电路故障，需要测量 J907 的 85 端子对搭铁电压。

4. 测量起动继电器 J907 的 85 端子对搭铁电压

点火开关由 ON 挡推至 ST 挡，测量结果始终为 +B 时，则线圈控制电路断路或 J623 故障，需要测量 J907 的 85 端子与 J623 的 191/88 端子间线路导通性；测量结果始终为 0 时，则继电器线圈断路，需要检修继电器线圈；测量结果为 0.1 V ～ +B 间时，则 J907 的 85 端子与 T91/88 端子间线路虚接，需要测量 J907 的 85 端子与 J623 的 T91/88 端子间线路导通性。

5. 测量继电器 J907 的 85 端子与 J623 的 T91/88 端子间线路导通性

关闭点火开关，测量结果为无穷大时，则电路断路，需要检修线路；测量结果大于 5 Ω 时，则线路虚接，需要检修线路；测量结果小于 2 Ω 时，则 J623 故障，需要检修 J623。

继电器 J907 故障分析

点火开关置于 ST 挡时，J623 控制 J906 工作，触点闭合，蓄电池电源由 J906 的 87 端子输出至起动继电器 J907 的 30 端子，由此起动继电器。J907 常见故障如下：

- J907 自身故障（电磁线圈）。
- J907 的线圈供电线路断路。
- J907 的线圈供电线路虚接。
- J907 的线圈供电线路短路。
- J907 的线圈控制电路断路。
- J907 的线圈控制线路虚接。
- J907 主供电线路断路。
- J907 主供电线路虚接

起动继电器控制原理图

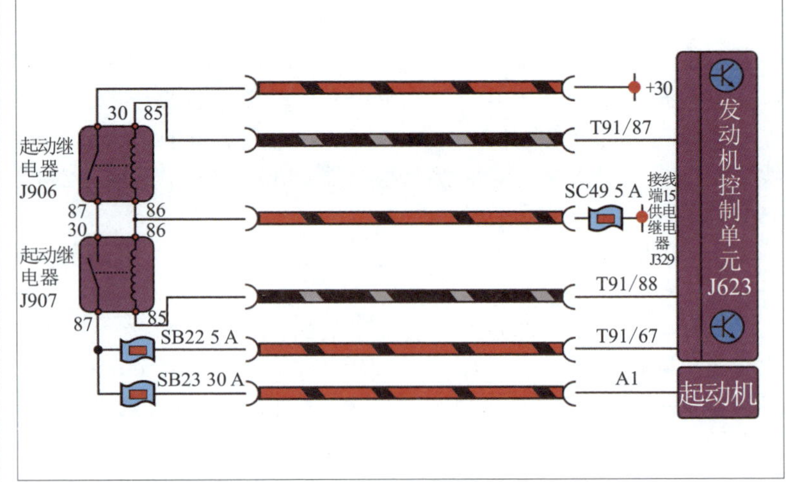

关注细节是一种功力。

步骤八：检查继电器 J906 的线圈电源

1. 测量起动继电器 J906 线圈的供电 86 端子对搭铁电压

打开点火开关，测量结果为 0 或 0.1 V ～ +B 时，则需要测量 SC49 对搭铁电压；测量结果为+B 时，需要检查 J906 以及 J906 插接件。

2. 测量熔丝 SC49(5A) 两端对搭铁电压

打开点火开关，测量结果为 0, 0 时，则熔丝 SC49 供电线路断路，需要检修 15 端供电线路；测量结果为 0, +B 时，则熔丝损坏，需要更换熔丝；测量结果为 0.1 V ～ +B 间时，则熔丝 SC49 供电线路虚接，需要检修 15 端供电线路；测量结果为 +B，0.1 V ～ +B 间时，则熔丝虚接，需要更换熔丝；测量结果为 +B，+B 时，则熔丝 SC49 至 J906/86 间线路断路，需要检查 SC49 与 J906/86 间线路的导通性。

3. 检查熔丝 SC49(5 A) 与 J906/86 端子间线路的导通性

关闭点火开关，测量结果为无穷大时，则 SC49 与 86 端子间电路断路，需要更换线束；测量结果大于 5 Ω 时，则 SC49 与 86 端子间线路虚接，需要检修线路，测量结果小于 2 Ω 时，则插接器故障，需检修插接器。

4. 熔丝更换

（1）拆卸 SC49，测量两端插脚电阻，如果测试结果小于 2 Ω，则需要更换。

（2）测量起动继电器 J906 的 86 端子对搭铁电阻。关闭点火开关，拔掉 J906、J907 以及熔丝 SC49，测量结果小于 2Ω 时，则线路短路，需要检修线路；测量结果为无穷大时，则继电器 J906、J907 内部短路，需要检查 J906、J907 内部是否对搭铁短路。

（3）检查继电器 J906、J907 内部对搭铁电阻。关闭点火开关，测 J906 的 86 端子对搭铁电阻，测量结果小于 2 Ω 时，J906 内部对搭铁短路，则更换 J906；测量结果为无穷大时，为其他故障；测 J907 的 86 端子对搭铁电阻，测量结果小于 2 Ω 时，J907 内部对搭铁短路，则更换 J907；测量结果为无穷大时，为其他故障。

继电器 J906 的线圈电源故障分析

起动继电器 J906 和 J907 线圈供电电源都是经过熔丝 SC49 供给，且熔丝另一端连接至接线端 15 供电继电器 J329，由 J329 供给 15 电源。如果此线路出现故障，将导致起动继电器 J906 和 J907 都无法工作，起动继电器 J906 线圈供电的常见故障如下：

- J906/86 端子供电电源线路断路。
- J906/86 端子供电电源线路虚接。
- J906/86 端子供电电源线路对搭铁短路。
- 熔丝 SC49 断路、虚接、供电。
- J906 自身故障

故障码分析

- 再次读取故障码。通过清除故障码、模仿故障工况运行车辆。
- 判定故障真实性。通过数据流或在线测量值来判定故障真实性。
- 系统测量。分析迈腾 B8 诊断通信原理图，如果诊断仪无法进入车辆所有系统，则可能是故障诊断仪、诊断连接线、无线或蓝牙通信、OBD- Ⅱ 诊断接口、CAN 总线中的一个或多个出现故障；如果只是某个控制单元无法到达，则可能是该控制单元或其电源电路、相邻的 CAN 总线区间出现故障。

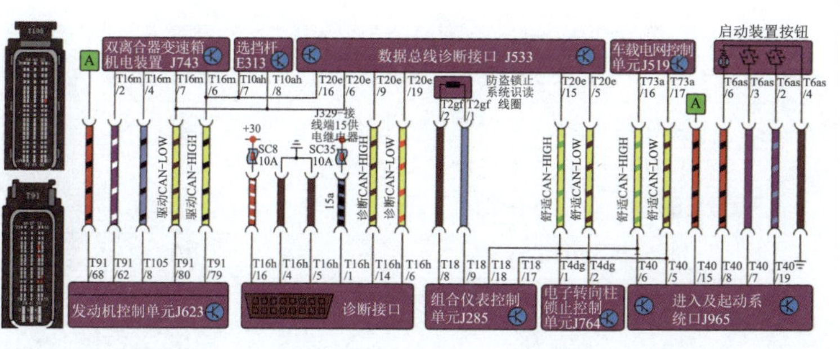

学习笔记

学习笔记

任务测评

一、知识测评

确定本任务的关键词，按重要程度进行关键词排序并举例解读，然后根据自己对重要信息捕捉、排序、表达、创新和划分权重能力进行自评，满分 100 分，如表 2-2-2 所示。

表 2-2-2　排除起动机不转故障知识测评表

序号	关键词	举例解读	评分自定
1			
2			
3			
4			
5			
6			
总分			

二、能力测评

对表 2-2-3 所列作业内容，操作规范即得分，操作错误或未操作即零分。

表 2-2-3　排除起动机不转故障能力测评表

序号	技能点	配分	得分
1	起动机电磁开关控制信号检查	20	
2	起动机电磁开关反馈信号的检查	20	
3	继电器 J906 的检查	20	
4	继电器 J907 的检查	20	
5	继电器 J906 的线圈电源检查	20	
总分		100	

三、素养测评

对表 2-2-4 所列素养点，做到即得分，未做到即零分。

表 2-2-4　排除起动机不转故障素养测评表

序号	素养点	配分	得分
1	安全作业，无安全隐患	20	
2	保护环境，无乱扔乱倒	20	
3	规范标准，无野蛮操作	20	
4	团队协作，无不洽关系	20	
5	场地 5S	20	
总分		100	

四、拓展训练

（1）请列举出在排除起动机不转故障的过程中易出现的问题，分析产生问题的原因并制定解决问题的措施。（满分 25 分）

（2）迈腾 B8 2018 款配备 1.8 T 车型，起动机不转，请通过测量确定导致该现象的原因。制定检修流程并进行检修。（满分 25 分）

（3）天下大事，必作于细，简单的招式练到极致就是绝招，汽车修理工可以把排故分解成无数个细节，将每一个故障可能的细节都想到，形成思维模式，那么排故将会信手拈来。请按下列思维导图格式（见图 2-2-6），对排除起动机不转故障的学习收获进行总结，搜集两个起动机故障案例，列出排故过程中的所有细节，查一下个数有多少，再梳理一下这些细节可以归纳成几条线索。（满分 50 分）

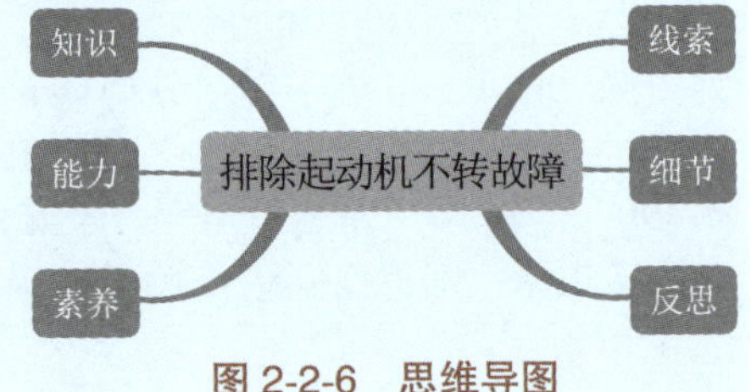

图 2-2-6　思维导图

关注细节是一种功力。

学习笔记

学习考评

一、考评项目

根据所学，请对 2018 款迈腾 B8L 配备 1.8 T 发动机 7 挡双离合变速箱（ODE）的汽车进行检修起动机及起动机不转故障排除作业。

二、实施准备

1. 学生准备

学生在按照教学进度计划，已经完成了以下学习任务并达到 75 分以上，可进行该学习考评的实施。

（1）理解并完成学习考评需要的相关知识和方法的学习，得分大于 75 分。

（2）运用学习考评需要的相关知识和方法进行作业，得分大于 75 分。

（3）按时、按质、按量完成相应作业，得分大于 80 分。

（4）具有自觉遵守技术标准和要求规定、规范操作、安全、环保、5S 作业、团结协作的好习惯，得分大于 80 分。

（5）能制定迈腾 B8L 2018 1.8L TSI 车型起动机检修及起动机不转排故流程。

2. 教师准备

（1）在安排学生实施学习考评前，通过课堂问题研讨、作业、实训和考核及其他方式，确认学生已经具备了实施学习成果所需的知识、技能和素养，并确保学生在安全状态下独立进行。

（2）对协助教师进行测评的学生进行测评和监督方法的培训，确保测评结果的准确性和公平性。

（3）准备好测评记录。

三、验证方法与标准

（1）每位测评人员负责对两名学生进行定点、全过程的监控和测评。

（2）详细记录学生在实施学习考评过程中的相关信息、数据、结果、操作方法、完成时间，以及出现错误、事故的情况。

（3）学习考评的作业过程和数据记录等，要求在 60 min 内完成，若时间不足，可在即将结束时，口述剩余部分的作业方法。

（4）考评内容及标准如下表所示。

序号	作业项目	考评内容	考评标准	配分	得分
1	起动机不转排故	分解工艺	分解工艺错误扣 10 分	15	
		工具使用	工具使用不正确扣 5 分		
2	检测前准备	检查校验仪器仪表	未检查校验仪器仪表或校验方法不正确扣 5 分	10	
		对零部件进行检查或清洁处理	未对零部件进行检查或清洁处理扣 5 分		
3	查阅资料	正确查阅检修资料	未查阅或查阅不正确 0 分	10	
4	检查	确定项目检查方法、检查标准，以及其他及标准	检查方法错误扣 5 分	20	
			检查结果有误差扣 5 分		
			技术标准不正确扣 10 分		
5	检测及维护	选择正确的工具	选择错误扣 5 分	25	
		使用方法正确	使用方法错误扣 5 分		
		检测步骤正确	检测步骤错误扣 5 分		
		检测数值准确	检测结果错误扣 5 分		
		操作熟练	操作不熟练扣 5 分		
6	安全文明生产	遵守规程、安全生产	违犯一项扣 1 分直至扣完	20	
		因违犯操作规程造成事故	因违规操作发生重大人身或设备事故 0 分		
总分				100	

学习笔记

拓展阅读

鱼骨图与故障判断

没有强大的思维能力，是不可能成长为汽车维修高手的，但不要担心，思维能力是可以训练提高的。如果你对每一个故障都能画一张故障鱼骨图，坚持一年，就会积累365张鱼骨图，就能发现自己与众不同。

故障现象一：接通起动开关，起动机运转卡滞停顿或起动机运转速度缓慢。

可能的故障原因：

（1）蓄电池亏电或有短路故障使其供电能力降低。

（2）起动机主电路接触电阻增大使起动机工作电流减小。接触电阻增大的原因可能是蓄电池搭铁电缆松动不牢，或蓄电池正负极电缆松动不牢，或起动机电磁开关触点与触盘烧蚀引起接触不良，或电刷碳棒磨损量过大引起电刷弹簧压力减弱过多，从而导致电刷和换向器导电不良，或换向器烧蚀等。

（3）磁场绕组或电枢绕组局部短路使起动机输出功率降低。

（4）起动机电枢轴承损坏，导致转动阻力过大。

（5）发动机装配过紧或工作环境温度偏低引起起动力矩过大，也可能出现起动机运转无力现象。

故障排除方法：

（1）检查蓄电池和连接线路是否正常，要特别注意检查蓄电池极柱、起动和搭铁电缆接头等处是否接触良好。

（2）如果蓄电池和线路良好，则表明起动机有故障。

首先，考虑汽车起动系统故障时的环境因素，低温严寒会让蓄电池内的电阻增大，影响发动机运转。

其次，检查起动机蓄电池电量是否充足，如果充足，则检测起动机开关线路。可以将开关上的接线柱直接用导线连接起来，如果起动机运转速度无变化，则说明不是线路接触不良造成，如果起动机高速运转，则说明接触不良，检查是否松动、腐蚀后进行处理。

再次，对起动机轴承进行检查，轴承弯曲、过紧可能造成上述故障。

故障二：接通开关后，起动机不转。

故障三：起动机空转。

故障四：起动机发出“哒、哒”异响。

思考

利用所学，运转大脑，仿照故障一的思维方式，分析故障二、三、四的可能原因和解决办法，并画出故障分析鱼骨图。

学习笔记

学习笔记

项目三　检修汽车尾灯

一、项目描述

完成 2018 款迈腾配备 1.8 T 发动机 7 挡双离合变速箱（ODE）的汽车尾灯的检修与故障排除作业。

二、项目要求

符合 2018 款迈腾配备 1.8 T 发动机 7 挡双离合变速箱（ODE）的汽车技术要求与标准，正确使用工具，完成如下作业：

（1）维护汽车尾灯。

（2）排除汽车制动灯故障。

（3）排除汽车倒车灯故障。

（4）排除转向、危险警告灯故障。

三、学习目标

（1）说明维护汽车尾灯作业方法。

（2）说明排除汽车制动灯故障作业方法。

（3）说明排除汽车倒车灯故障作业方法。

（4）说明排除汽车转向、危险警告灯故障作业方法。

（5）规范地对汽车尾灯进行维护作业。

（6）规范地对汽车制动灯进行检修作业。

（7）规范地对汽车倒车灯进行检修作业。

（8）规范地对汽车转向、危险警告灯进行检修作业。

（9）完成“1+X”汽车维修工中级关于汽车尾灯部分的考核内容。

（10）养成自觉遵守技术标准和要求规定、规范操作、安全、环保、5S 作业、团结协作的好习惯。

（11）坚持以自律为心，勤奋为骨，用思维的武器武装自己。

（12）掌握流程图故障判断方法。

四、学习载体

打开 2018 款迈腾 1.8 TFI 车型的点火开关，拨动挡位杆至倒车挡，倒车灯无法点亮；踩踏制动踏板，制动灯不亮；打开转向灯开关，转向灯不亮；打开危险警告灯开关，危险警告灯也不亮。

经分析，至倒车挡，倒车灯不亮，则说明汽车倒车灯故障，同时控制电路也有可能存在故障；踩踏制动踏板，制动灯不亮，则说明制动灯故障，同时控制电路也有可能存在故障；打开转向灯和危险警告灯开关，灯光不亮，则说明灯光总成故障，同时控制电路也可能存在故障。迈腾汽车尾灯如下图所示。

学习笔记

视频

3-1 尾灯总成拆装

任务一　拆装汽车尾灯

职业行动

步骤一：作业准备

1. 作业场地

选择环保且带有消防设施的作业场地。

2. 设备设施

2018 款迈腾配备 1.8 L TSI 发动机 7 挡双离合变速箱(ODE)、工具车、零件车、抹布、垃圾桶。

3. 工量辅具（见表 3-1-1）

表 3-1-1　工量辅具

套筒扳手组合套具	扭力扳手	万用表
故障诊断仪	示波器	汽车测试线

4. 耗材

车辆维修需要更换的零件，如保险、继电器、灯泡或开关等。

职业知识

汽车尾灯

左侧车身尾灯	行李箱盖尾灯
1—车身尾灯；2—车身尾灯密封件；3—车身尾灯紧固元件	1—行李箱尾灯螺母；2—行李箱尾灯密封件；3—行李箱尾灯

汽车尾灯装配技术要求

左侧车身尾灯紧固元件	拧紧力矩：2 N•m
右侧行李箱盖尾灯	拧紧力矩：3 N•m

- 如果要使用撬杆工具，必须用普通胶带缠绕撬杆接触的部位，防止损坏部件表面

每一个故障都要放进自己头脑中的故障案例库。

步骤二：拆装车身尾灯

1. 转动车灯开关

关闭点火开关，将车灯开关转至位置“0”。

2. 拆卸保养盖

拆卸行李箱左侧侧面的保养盖，如图 3-1-1 所示。

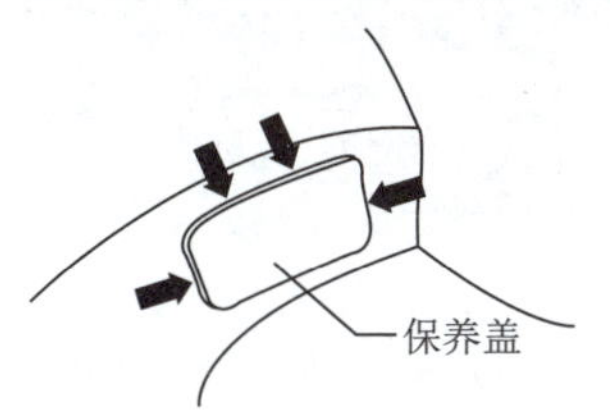

图 3-1-1　行李箱左侧侧面保养盖

3. 拆卸车身尾灯

拧出紧固件，脱开电气连接插头沿 A 方向取下尾灯，如图 3-1-2 所示。

4. 校正尾灯的安装位置

将紧固件松开两圈，尾灯必须与相邻部件齐平封闭，通过旋入旋出调节元件来调整尾灯的安装位置，如图 3-1-3 所示。

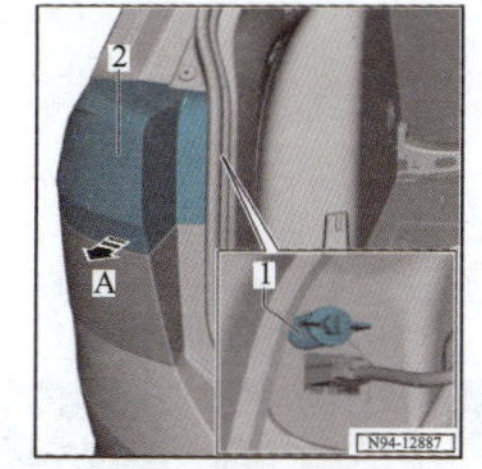

图 3-1-2　拆卸车身尾灯

1—电气连接插头紧固件；2—尾灯

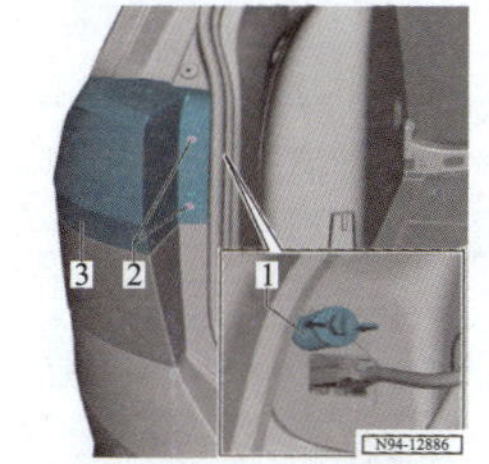

图 3-1-3　校正尾灯安装位置

1—紧固件；2—挡板开口；3—尾灯

5. 安装与检测

安装以倒序进行，完成后进行功能检测。

汽车尾灯装配技术要求

- 尾灯采用的是 LED 设计，LED 无法更换，尾灯必须整体更换。
- 车身和尾灯壳体之间的密封件必须密封良好。
- 电气连接插头必须牢牢卡住。
- 打开行李箱盖，从外侧将尾灯翻入行李箱盖凹槽，向上并向中间移动直至紧贴。
- 首先拧紧尾灯上部的螺母，然后再拧下部螺母。
- 进行功能检测

迈腾 B8 的尾灯

制动灯	
倒车灯	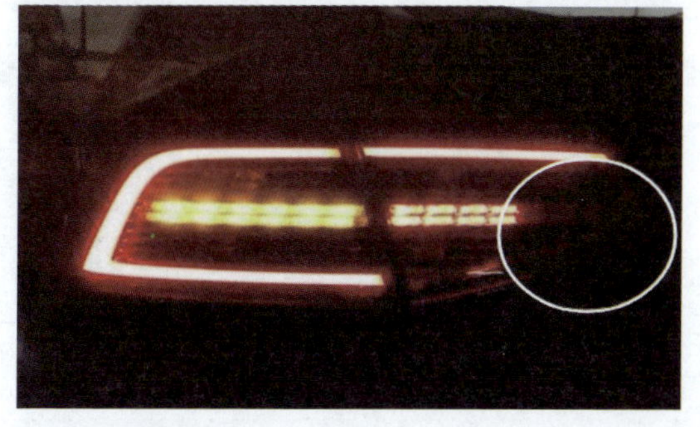

学习笔记

每一个故障都要放进自己头脑中的故障案例库。

学习笔记

步骤三：拆装行李箱盖尾灯

1. 调整开关位置

关闭点火开关，将车灯开关转至位置“0”。

2. 取下盖板

脱开箭头部位的固定卡，取下盖板，如图 3-1-4 所示。

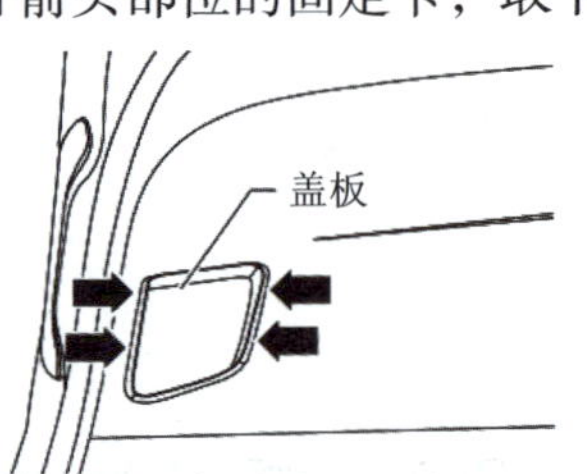

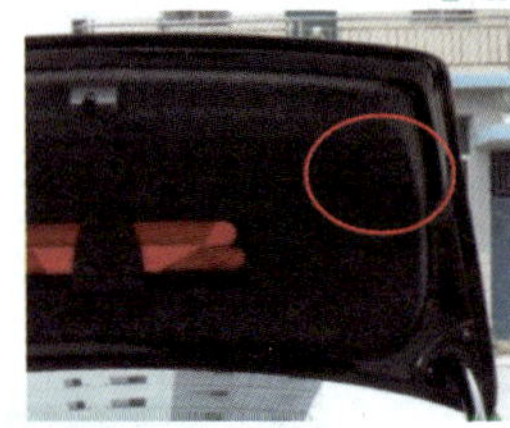

图 3-1-4　拆卸盖板

3. 拆卸车身尾灯

拧下螺母，脱开电气连接插头，向外取下尾灯，如图 3-1-5 所示。

4. 安装以倒序进行，需要校正安装位置及检测功能

将紧固件松开 2 圈，将内花角螺丝刀插入挡板开口，通过旋入旋出调节件来调整尾灯位置，尾灯必须与相邻部件齐平封闭，如图 3-1-6 所示。

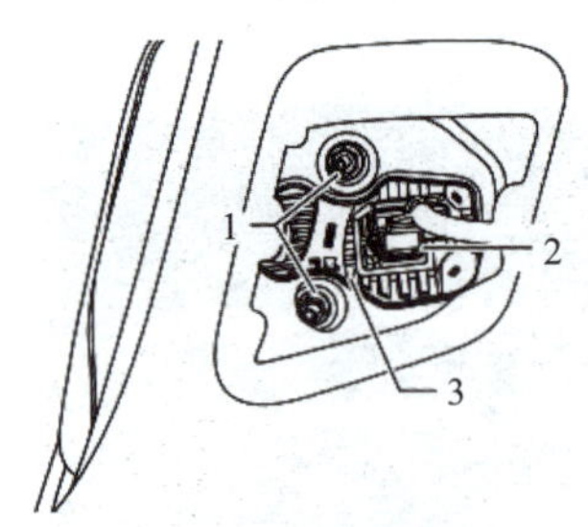

图 3-1-5　拆卸车身尾灯

1—螺母；2—电气插头；3—尾灯

图 3-1-6　校正尾灯安装位置

1—调节元件；2—挡板；3—尾灯

迈腾 B8 的尾灯	
结构	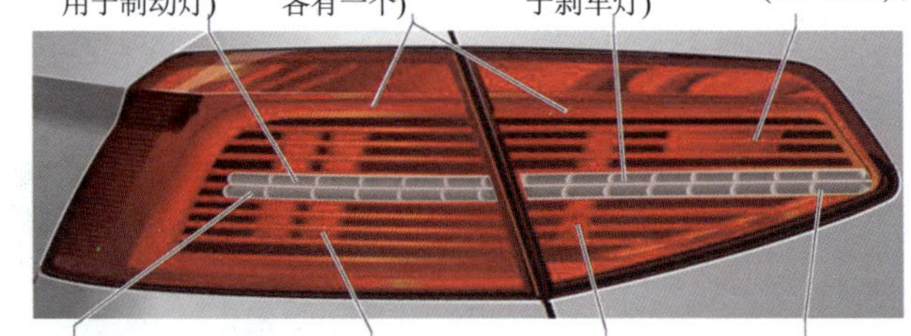 采用高亮度的发光二极管，既可以节省电量，又可以提高亮度，达到警示目的
功用	• 对于带有或没有尾灯的制动灯，车身尾灯和行李箱盖部分内的光导体同时亮起（2×LED，每部分一个），见左图。 • 固定部分中的两个纵列灯组（16×LED，其中 4 个变暗的 LED 也用于尾灯）行李箱盖中的一个纵列灯组（8×LED，其中 2 个变暗的 LED 也用于尾灯）。在此的段位作为“光束带有或没有尾灯的制动灯”亮起，右图。转向信号灯具有 8 个 LED。两个纵列中的 4 个 LED 用于制动灯。 制动灯　制动灯和尾灯 制动灯 制动灯　制动灯和尾灯 转向信号灯 2× LED和6× LED　制动灯

每一个故障都要放进自己头脑中的故障案例库。

任务测评

一、知识测评

确定本任务的关键词，按重要程度进行关键词排序并举例解读，然后根据自己对重要信息捕捉、排序、表达、创新和划分权重能力进行自评，满分 100 分，如表 3-1-2 所示。

表 3-1-2　拆装汽车尾灯知识测评表

序号	关键词	举例解读	评分自定
1			
2			
3			
4			
5			
6			
总分			

二、能力测评

表 3-1-3 所列作业内容，操作规范即得分，操作错误或未操作即零分。

表 3-1-3　拆装汽车尾灯能力测评表

序号	技能点	配分	得分
1	拆卸车身尾灯	20	
2	拆卸行李箱尾灯	20	
3	拆卸高位制动灯	20	
4	安装汽车尾灯	20	
5	安装高位制动灯	20	
总分		100	

三、素养测评

对表 3-1-4 所列素养点，做到即得分，未做到即零分。

表 3-1-4　拆装汽车尾灯素养测评表

序号	素养点	配分	得分
1	安全作业，无安全隐患	20	
2	保护环境，无乱扔乱倒	20	
3	规范标准，无野蛮操作	20	
4	团队协作，无不洽关系	20	
5	场地 5S	20	
总分		100	

四、拓展训练

（1）请列举出在拆装汽车尾灯作业的过程中易出现的问题，分析产生问题的原因并制定解决问题的措施。（满分 25 分）

（2）现 2018 款迈腾 B8 1.8 T 车型的汽车，制动灯不亮，请通过测量确定导致该现象的原因。制定检修流程并进行检修。（满分 25 分）

（3）天道酬勤，多一分耕耘，多一分收获，只要你付出足够的努力，将来也一定会得到相应的收获，勤能补拙是良训，一分辛苦一分才。建立一个自己的故障案例库，将每一个故障做成案例都放进去，积少成多，你一定会变成汽车修理的行家里手。请按下列思维导图格式（见图 3-1-7），对拆装汽车尾灯的学习收获进行总结，考虑如何创立故障案例库，并用流程图对尾灯故障做一个分析案例。（满分 50 分）

图 3-1-7　思维导图

每一个故障都要放进自己头脑中的故障案例库。

任务二　排除制动灯常见故障

职业行动

步骤一：检查故障车辆

2018 款迈腾配备 1.8 T 发动机 7 挡双离合变速箱（ODE）的汽车，打开点火开关，踩下制动踏板时，仪表显示异常，右后制动灯不亮。

步骤二：作业准备

1. 作业场地

选择带有消防设施的汽车检测工位（包含车辆迈腾 B8）。

2. 工量辅具（见表 3-2-1）

表 3-2-1　工量辅具

套筒扳手组合套具	扭力扳手	万用表
故障诊断仪	示波器	汽车测试线

3. 耗材

车辆维修需要更换的零件，如熔丝、继电器、灯泡或开关等。

职业知识

迈腾 B8 制动灯

结构图	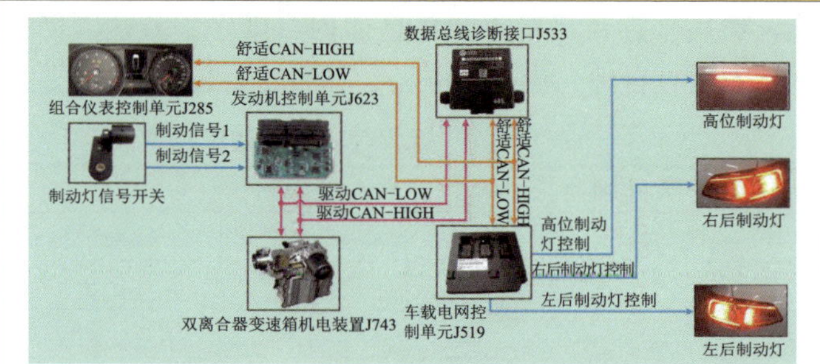
工作过程	• 产生状态信号。当踩下制动踏板时，发动机控制单元 J623 检测到制动灯开关两个霍尔芯片发出的两个制动踏板状态信号。 • 发出状态信号。发动机控制单元 J623 通过驱动 CAN 总线将这一数据信息发送至双离合器变速器机电装置 J743、数据总线诊断接口 J533。 • 数据处理后再次发出。数据总线诊断接口 J533 将数据处理后通过舒适 CAN 总线将这一数据信息发送至车载电网控制单元 J519 和组合仪表控制单元 J285。 • 仪表显示。组合仪表板控制单元 J285 接收到此信息后控制仪表板上制动踏板状态指示灯熄灭。 • 制动灯点亮。J519 接收到此消息后，分别接通左后、右后以及高位制动灯总成中的 LED 电源，LED（制动灯）点亮

思维工具是思维的武器，如鱼骨图、故障树等，一定要掌握。

步骤三：确认故障现象

1. 将点火开关置于 ON 位置，观察仪表板显示

显示异常，如所有状态指示灯故障，需要先排除仪表显示异常故障。

2. 踩制动踏板多次，观察仪表板

（1）仪表板“制动踏板状态灯”显示异常。

①制动灯开关本身、供电及线路损坏。

②发动机控制模块本身、供电及线路损坏。

③ CAN 总线故障。

④组合仪表控制单元本身损坏。

⑤插接件故障。

⑥数据总线诊断接口 J533（网关）供电、自身故障。

（2）提示外部制动灯系统故障，如图 3-2-1 所示。

图 3-2-1　外部制动灯故障

①车载电网控制单元 J519 至后尾灯中制动灯信号线路故障。

②后尾灯中的 LED 故障。

③后尾灯搭铁、线路及插接件故障。

3. 观察后尾灯制动灯、高位制动灯

（1）制动灯一侧或高位不亮：

①车载电网控制单元 J519 一侧或高位制动灯控制输出故障。

②车载电网控制单元J519至一侧或高位制动灯控制线路故障。

③一侧或高位制动灯 ILED 故障。

④一侧或高位制动灯搭铁、线路故障。

⑤插接件故障。

（2）制动灯全部不亮：

①车载电网控制单元 J519 至后尾灯和高位制动灯控制线路故障。

②制动灯 LED 故障。

③左、右后尾灯、高位制动灯搭铁、线路、插接件故障。

制动踏板状态灯显示异常

制动踏板未踩下

制动踏板踩下

迈腾 B8 制动灯排故流程

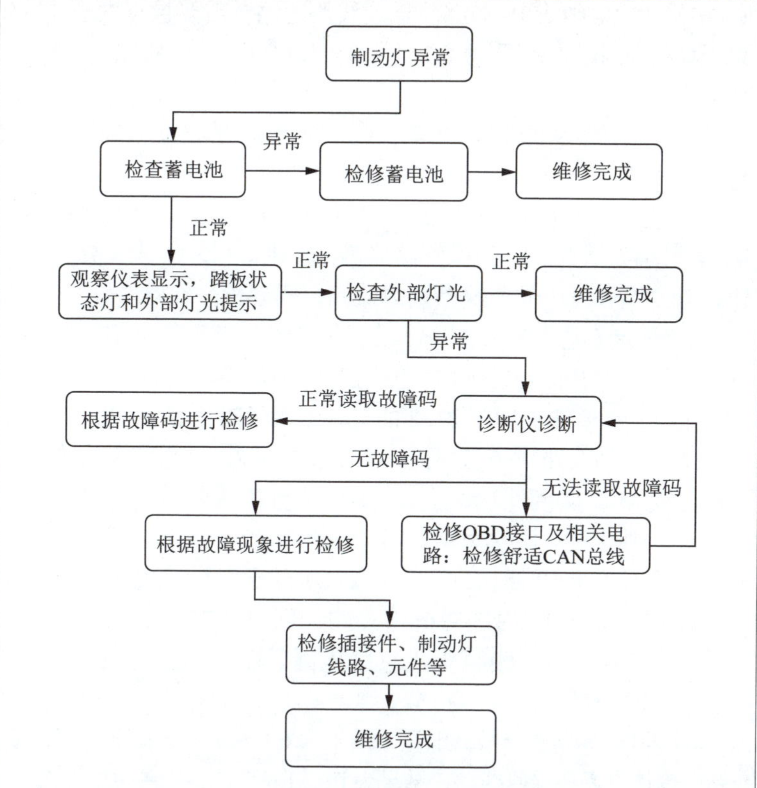

学习笔记

学习笔记

步骤四：检查制动灯控制电路

1. 测量右后侧制动灯 M22 端子 T8l/1 端子对搭铁电压

打开点火开关至 ON 挡，踩下制动踏板，结果为 +B，则检查制动灯 M22 电源负极；结果始终为 0 或 0.1 ～ +B，则测量 J519 的 T73C/9 端子对搭铁电压。

2. 测量 J519 的 T73c/9 端对搭铁电压

打开点火开关至 ON 挡，踩下制动踏板，结果为 +B，则 T73c/9 与 M22 的 T81/1 间线路断路或虚接，需要检查线路导通性；结果为 0，则 J519 局部故障或线路短路，需要检查端子 T81/1 线路对搭铁电阻；结果为 0.1 ～ +B，则 J519 本身故障，需更换 J519。

3. 检查 J519 的 T73c/9 与右后侧制动灯 M22 端子 T81/1 间的线路导通性

关闭点火开关，拔下 M22 和 J519 插接器，测量导线端对端电阻，结果小于 2 Ω 时，则检修插接器，结果大于 2 Ω 或无穷大时，则 T73c/9 与 T81/1 间线路断路或短路，需要检修线路。

4. 检测右后侧制动灯 M22 端子 T81/1 线路对搭铁电阻

关闭点火开关，断开右后侧制动灯 M22 端子 T81/1 与制单元 J519 的 73 插接件。测量 M22 的 T81/1 端子对搭铁电阻，结果小于 2 Ω 时，则线路对搭铁短路，需要检修线路；结果为无穷大时，需要连接 M22 插接件，测量 T81/1 端子对搭铁电阻，结果为小于 2 Ω 时，则灯内对搭铁短路，需要更换 M22 总成；结果为大阻值时，需要连接 J519 插接件，测量 T81/1 端子对搭铁电阻，结果小于 2 Ω 时，则 J519 内部对搭铁短路，则更换 J519；结果为大阻值时，需要检查右后侧制动灯 M22 电源负极。

5. 检查右后侧制动灯 M22 电源负极

测量 T81/3 端子对搭铁电压，结果为 0.1 ～ +B 或 +B 时，则线路断路或虚接，需要检修线路，结果为 0，灯光异常，则考虑换 M22。

视频

3-2 检修制动灯电路

迈腾 B8 制动灯控制电路故障分析

原理图	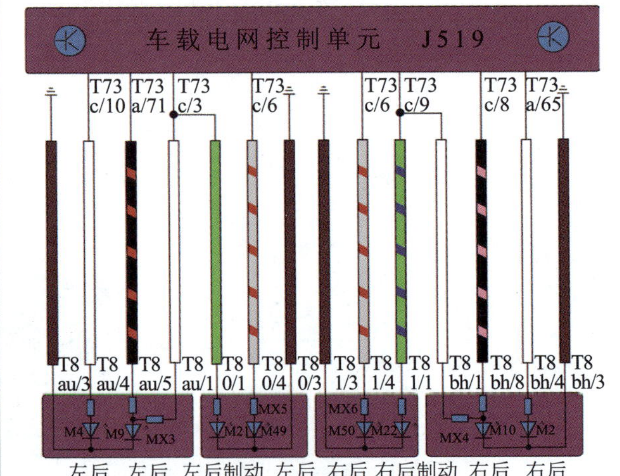
常见故障	从制动灯控制电路原理图可以看出，右后制动灯控制常见故障如下： 右后侧制动灯 M22 控制由 J519 的 T73c/9 端子输出，至右后侧 T81/1，给右后侧制动灯 M22 提供电源，M22 通过右后侧端子 T81/3 端子搭铁构成回路，点亮右后侧制动灯 M22。 • M22 的 LED 灯泡损坏。 • M22 的供电线路断路。 • M22 的供电线路虚接。 • M22 的供电线路对搭铁短路。 • 车载电网控制单元 J519 局部损坏（制动灯灯控制）

检查右后侧制动灯 M22 电源负极技术要求

- T81/3 为制动灯 M22 的 LED 或卤素灯泡提供电源主搭铁。如果搭铁线路不正常，则可能致使 M22 的 LED 或卤素灯泡电源功率不足，导致右侧灯光暗淡或无法点亮。
- 检查制动灯 M22 电源负极时，应使用万用表测量 M22 的 T81/3 端子对搭铁电压

思维工具是思维的武器，如鱼骨图、故障树等，一定要掌握。

步骤五：检查制动开关电源

1. 拆卸进气软管

（1）松开卡箍，拆下进气管，如图 3-2-2 所示。

（2）将电器连接插头从制动信号灯脱开，如图 3-2-3 所示。

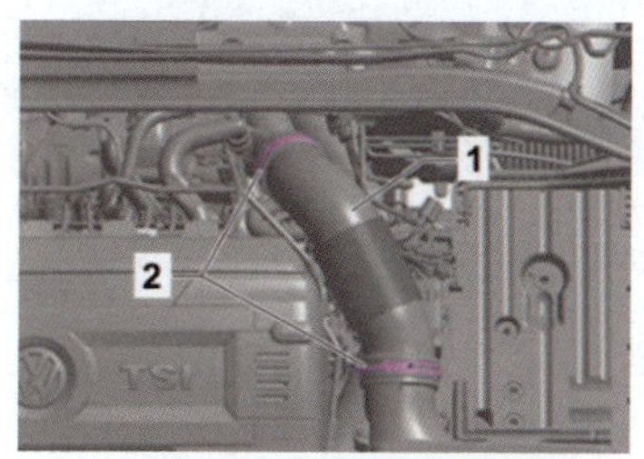

图 3-2-2　拆卸进气软管

1—进气软管；2—卡箍

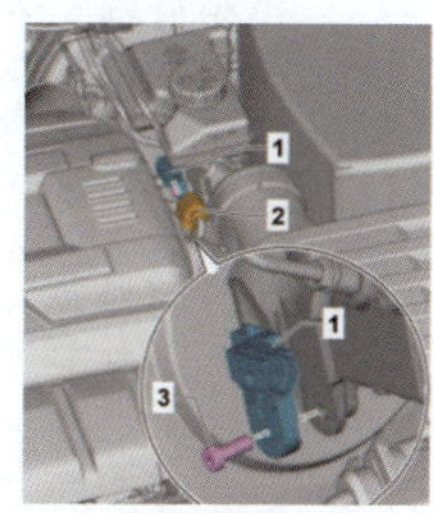

图 3-2-3　脱开电器连接插头

1—制动开关；2—电器连接插头；3—螺栓

2. 测量制动开关的 T4gk/4 端子对搭铁电压

点火开关开至 ON 挡，结果为 +B 时，则检查制动开关电源负极；结果为 0 或 0.1 ～ +B 时，则需要测量 SB6 熔丝对搭铁电压。

3. 测量 SB6 熔丝两端对搭铁电压

点火开关开至 ON 挡，结果为 0, 0 时，则 SB6 熔丝供电故障，需要检修 J271 及相关电路；结果为 0,+B 时，则熔丝损坏，需更换熔丝；结果均为 0.1 ～ +B 时，则 SB6 熔丝供电线路虚接，需要检修 J271 及相关电路；结果为 +B, 0.1 ～ +B 时，则熔丝虚接，需要更换熔丝。

4. 检查 SB6 与 T4gk/4 间线路的导通性

关闭点火开关，结果为无穷大时，则 SB6 与 T4gk/4 间线路断路；结果大于 2Ω 时，则 SB6 与 T4gk/4 间线路虚接，需要检修线路；结果为小于 2Ω 时，则线束插接器故障，需要检修插接器。

5. 检查制动开关电源负极

使用万用表测量 T4gk/2 端子对搭铁电压，结果为 0.1 ～ +B 时，则搭铁线路虚接，需要检修线路；结果为 +B 时，则搭铁线路断路，需要检修线路；测结果为 0 时，则诊断结束，维修完成。

迈腾 B8 制动灯无故障码排故流程

原理图

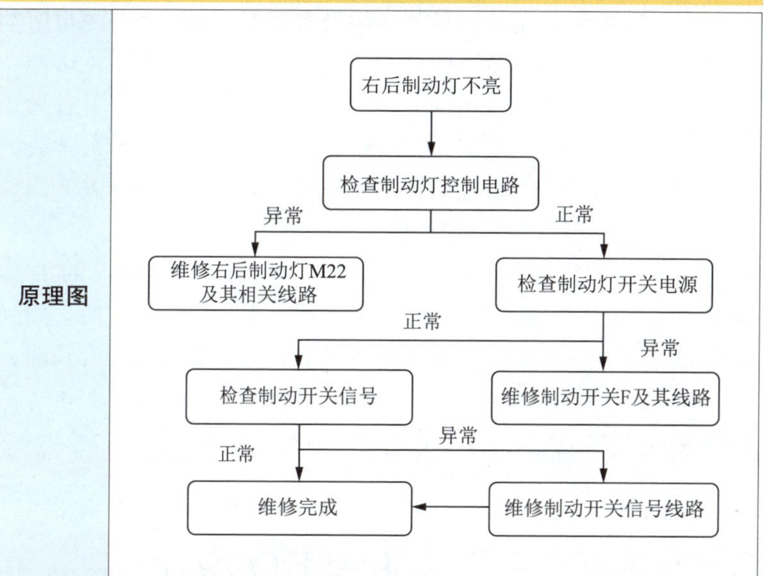

迈腾 B8 制动灯控制电路故障分析

常见故障

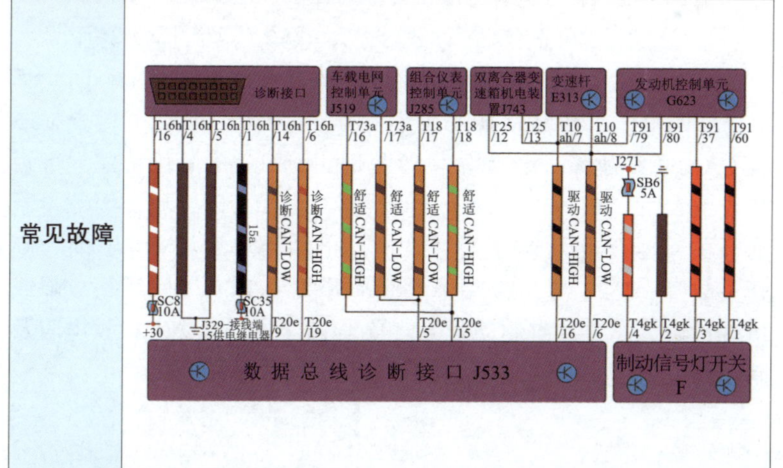

学习笔记

视频

3-3 制动灯开关原理

思维工具是思维的武器，如鱼骨图、故障树等，一定要掌握。

学习笔记

6. 更换熔丝

（1）拆卸 SB6 熔丝，目测熔丝没有变形、熔断，并测量熔丝两端插脚电阻，正常结果应为小于 2 Ω，不符合结果则更换熔丝。

（2）测量制动开关的 T4gk/4 端子对搭铁电阻。关闭点火开关，拔掉 SB6 熔丝和制动开关 T4gk 的插接件，结果小于 5 Ω 时，则线路短路，需要检修线路；结果为无穷大时，则制动开关 F 内部短路，需要检查控制单元或元件对搭铁电阻。

（3）检查控制单元或元件是否对搭铁短路。连接 F 的 T4gk 插接件，测量其 T4gk/4 端子对搭铁电阻，结果小于 2 Ω 时，则制动开关内部对搭铁短路，需要更换制动开关；结果为无穷大时，则需要更换熔丝。

步骤六：检查制动开关信号

一、拆卸进气软管

（1）松开卡箍，拆下进气管，参见图 3-2-2。

（2）找到电气连接插头，参见图 3-2-3。

二、T4gk/1 端子信号检测

1. 测量发动机控制单元 J623 的 T91/60 端子对搭铁电压

点火开关开至 ON 挡，分别测量松开和踩下制动踏板时端子对搭铁的电压，结果为 10 V 左右和 0 V 左右时，则需要检查 J623 或 CAN 总线故障；结果均为 10 V 时，则开关故障、J623 局部短路或 J623 的 T91/60 与 T4gk/1 间线路对电源短路，则需要测量制动开关信号 T4gk/1 端子对搭铁电压；结果均为 0 V 左右时，则开关故障、J623 或 J623 端子对制动开关或 T4gk/1 间线路故障或 J623 故障，需要检查制动开关信号 T4gk/1 端子线路对搭铁电阻及制动开关信号 T4gk/1 端子对搭铁电压。

迈腾 B8 制动灯控制电路故障分析

<table>
<tr><td>控制原理</td><td>• 完整回路。制动开关电源由主继电器 J217 供给，在通过 SB6 熔丝分配给制动开关 T4gk/4 端子，通过制动开关 T4gk/2 端子搭铁构成回路。
• 控制过程。点火开关开至 ON 挡或起动发动机，主继电器 J217 工作，电源进入制动信号灯开关 T4gk/4 端子并通过 T4gk/2 端子搭铁。发动机控制单元 J623 通过驱动数据总线将制动开关数据信息发送至双离合器变速器机电装置 J743、变速杆 E313、数据总线诊断接口 J533。J533 将数据解析处理后，通过舒适 CAN 总线将数据信息发送至 J519、组合仪表板控制单元 J285、E313。J285 接收到此信息后控制仪表板上制动踏板状态灯熄灭。J519 接收到此消息后，分别接通左后、右后以及高位制动灯总成中的 LED 电源，LED 点亮</td></tr>
<tr><td>故障</td><td>• 制动开关 T4gk/4 的供电线路断路、虚接或对搭铁短路。
• SB6 熔丝断路。
• 制动开关 T4gk/2 搭铁线路断路或虚接</td></tr>
</table>

迈腾 B8 制动灯控制电路故障分析

<table>
<tr><td>结构图</td><td>踩下制动踏板</td><td></td><td>未踩制动踏板</td><td colspan="2">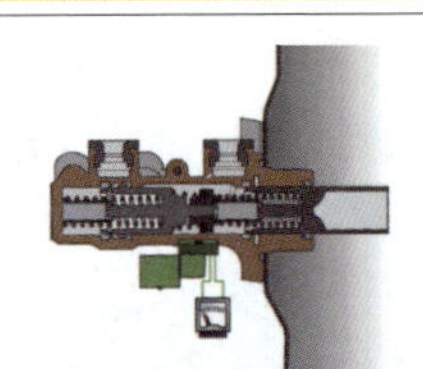</td></tr>
<tr><td rowspan="6">开关信号逻辑</td><td colspan="3">行程 /mm</td><td>开关信号（BLS）</td><td>控制单元信号（EMS）</td></tr>
<tr><td colspan="3">0</td><td>L</td><td>H</td></tr>
<tr><td colspan="3">2.5</td><td>H</td><td>L</td></tr>
<tr><td colspan="3">5</td><td>H</td><td>L</td></tr>
<tr><td colspan="3">10</td><td>H</td><td>L</td></tr>
<tr><td colspan="3">20</td><td>H</td><td>L</td></tr>
</table>

思维工具是思维的武器，如鱼骨图、故障树等，一定要掌握。

2. 测量制动开关 T4gk/1 端子对搭铁电压

点火开关开至 ON 挡，分别测量松开和踩下制动踏板时端子对搭铁电压，结果均为 0 V 时，则开关损坏及电源故障、J623 的 T91/60 与 F 的 T4gk/l 间线路对搭铁短路或 J623 内部对搭铁短路，需要检查制动开关信号 T4gk/1 端子线路对搭铁电阻;结果均为 11 V 时，则开关故障、J623 故障或 J623 的 T91/60 与 T4gk/1 间线路对电源短路，需要检查制动开关信号 T4gk/1 端子对搭铁电压;结果为 10 V 和 0 V 时，则 J623 的 T91/60 与制动开关 T4gk/1 间线路断路，需要检查制动开关 T4gk/1 端子对 T91/60 端子间线路的导通性。

3. 检查制动开关 T4gk/1 端子对 T91/60 端子间线路的导通性

关闭火开关，测量该导线端对端电阻，结果为无穷大时，则 T4gk/1 与 T91/60 间线路断路，需要检修线路；结果大于 2 Ω 时，则 T4gk/1 与 T91/60 间线路虚接，需要检修线路；结果小于 2 Ω 时，则线束插接器故障，需要检修插接器。

4. 检测制动开关信号 T4gk/1 端子线路对搭铁电阻

关闭点火开关，断开制动开关 T4gk 与控制单元 J623 的 191 插接件，测量开关插头 T4gk/1 端子对搭铁电阻，结果小于 2 Ω 时，则线路对搭铁短路，需要检修线路，结果为无穷大时，则需要测量制动开关的 T4gk/1 端子对搭铁电压；连接制动开关 T4gk 插接件，测量制动开关 T4gk/1 端子对搭铁电阻，结果小于 2 Ω 时，则开关对搭铁短路，需要检修线路或更换制动开关，结果为无穷大时，则需要检查制动开关 T4gk/1 端子对 T91/60 端子间线路的导通性，连接 J623 的 T91 插接件，测量制动开关 T4gk/1 端子对搭铁电阻，结果小于 2 Ω 时，则 J519 对搭铁短路，需要更换 J519, 结果为无穷大时，则正常，结束维修。

5. 测量制动开关信号 T4gk/1 端子对搭铁电压

断开制动开关 T4gk 与 J623 的 T91 插接件。

迈腾 B8 制动开关信号故障分析

原理图

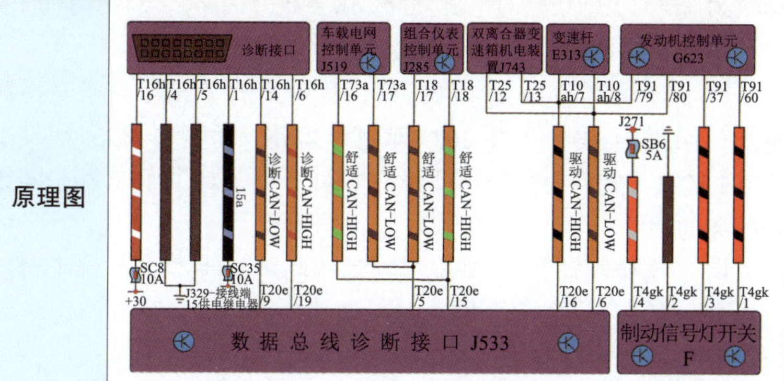

故障分析

- 制动开关供电。制动开关电源由主继电器 271 供给，在通过 SB6 熔丝分配给制动开关 T4gk/4 端子，通过制动开关 T4gk/2 端子搭铁构成回路。
- 制动开关信号。点火开关开至 ON 挡或起动发动机，主继电器 J271 工作，电源进入 F（制动信号灯开关）T4gk/4 端子并通过 T4gk/2 端子搭铁。制动开关采用霍尔式结构，它向发动机控制模块输出两个相反的电压信号，即 0 V 和 +B。
- 数据传输。发动机控制单元 J623 通过驱动数据总线将数据信息发送至双离合器变速器机电装置 J743、数据总线诊断接口 J533。J533 将数据解析处理后，通过舒适 CAN 总线将数据信息发送至车载电网控制单元 J519、组合仪表板控制单元 J285、变速杆 E313。组合仪表板控制单元 J285 接收到此信息后控制仪表板上制动踏板状态指示灯熄灭；J519 接收到此消息后，分别接通左后、右后以及高位制动灯总成中的电源，制动灯点亮。E313 接到该信号后，控制变速杆锁止电磁阀打开，驾驶人可以操纵变速杆，以控制车辆。

学习笔记

视频

3-4 制动灯开关的检查与更换

思维工具是思维的武器，如鱼骨图、故障树等，一定要掌握。

学习笔记

（1）打开点火开关，测量开关插头 T4gk/1 端子对搭铁电压，结果为 +B 时，则线路对电源短路，需要维修线路，结果小于 0.1 V 时，则需要测量制动开关的 T4gk/1 端子对搭铁电压。

（2）连接 J623 的 T91 插接件，测量 F 的 T4gk/1 端子对搭铁电压，结果为 +B 时，则 J623 对电源短路，需更换 J623，结果小于 0.1 V 时，则需要检查制动开关 T4gk/1 端子对 T91/60 端子间线路的导通性。

（3）连接制动开关 T4gk 插接器，测量 F 的 T4gk/1 端子对搭铁电压，结果为 +B 时，则 F 对电源短路，需要维修线路或更换制动开关，结果为 10 V 左右时，则维修结束。

三、T4gk/3 端子信号检测

1. 测量制动开关的 T4gk/3 端子对搭铁电压

点火开关开至 ON 挡，松开和踩下制动踏板时，测量端子对搭铁电压，结果均为 10 V 时，则开关及其电源电路故障，需要检查制动开关及开关电源电路，结果均为 0 V 或结果为 0 V 和 10 V 时，则需要测量发动机控制单元 J623 的 T91/37 端子对搭铁电压。

2. 测量发动机控制单元 J623 的 T91/37 端子对搭铁电压

点火开关开至 ON 挡，分别测量松开和踩下制动踏板时端子对搭铁的电压，测量结果为 0 V 和 10 V 时，则 J623 或 CAN 总线系统故障，需要检查制动开关 T4gk/3 端子对 T91/37 端子间线路的导通性；测量结果均大于 10 V 时，则 J623 的 T91/37 与 F 的 T4gk/3 间线路断路，需要检测制动开关信号 T4gk/3 端子线路对搭铁电阻；测量结果均为 0 V 时，则需要检测制动开关信号 T4gk/3 端子对搭铁电压。

3. 检查制动开关 T4gk/3 端子对 T91/37 端子间线路的导通性

关闭点火开关，测量导线端对端电阻，测量结果为无穷大时，则 T4gk/3 与 T91/37 间线路断路，需要检修线路；测量结果大于

迈腾 B8 制动开关信号故障分析

原理图	T4gk/1 端子信号	• T4gk/1 信号线路断路。 • T4gk/1 信号钱路对搭铁短路。 • 制动开关损坏。 • J519 损坏（局部，制动开关信号接收电路）
	T4gk/3 端子信号	• T4gk/3 信号线路断路。 • T4gk/3 信号钱路对搭铁短路。 • 制动开关损坏。 • J623 损坏（局部，制动开关信号接收电路）

车载电网控制单元 J519

实物图及安装位置	 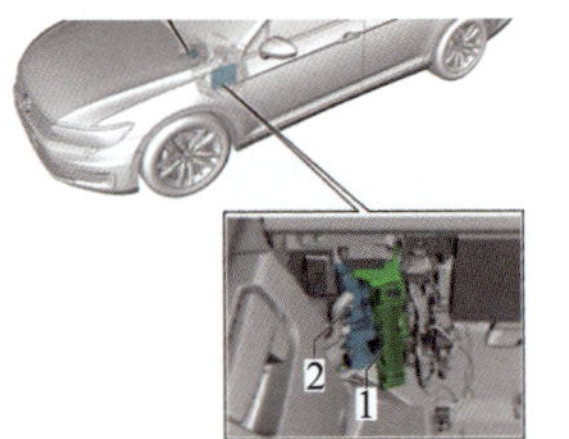 1—支架；2—车载电网控制单元
功用	• 数据评估。为了确保蓄电池有足够的电能使发动机顺利起动和正常运转，迈腾 B8 车载电网控制单元 J519 对用电负载（电能）进行管理。控制单元根据蓄电池电压、发动机转速、发电机的 DFM 信号数据进行评估。 • 动态能量管理。在保证安全行驶的前提下，适当地关闭舒适功能的用电设备，并对这些功能控制进行监测。迈腾 B8 整车电能通过 J519 进行动态能量管理（负荷管理），避免由于大的电量消耗使电量供应出现停止，同时在出现过大的周期性负载之前保护蓄电池

思维工具是思维的武器，如鱼骨图、故障树等，一定要掌握。

2 Ω 时，则 T4gk/3 与 T91/37 间线路虚接，需要检修线路；测量结果小于 2 Ω 时，则相关元器件短路故障，需要检查制动开关信号 T4gk/3 端子线路对搭铁电阻。

4. 检测制动开关信号 T4gk/3 端子线路对搭铁电阻

断开制动开关 T4gk 与 J623 的 T91 插接件：

（1）打开点火开关，测量 T4gk/3 端子接头端对搭铁电压，测量结果小于 0.1 V 时，则需要检修发动机控制单元；测量结果为 +B 时，则线路对电源短路，需要检修线路。

（2）连接开关，测 T4gk/3 端子对搭铁电压，测量结果小于 0.1 V 时，则需要检查制动开关 T4gk/3 端子对 T91/37 端子间线路的导通性;测量结果为+B时,则开关内部对电源短路,需要检修线路。

（3）连接 T91 插接件，测量制动开关端子 T4gk/3 对搭铁电压，测量结果小于 +B 时，则维修结束；测量结果为 +B 时，则 J623 内部对电源断路，需要更换 J623。

5. 测量制动开关信号 T4gk/3 端子对搭铁电压

关闭点火开关，断开制动开关 T4gk 与控制单元 J623 的 T91 插接件：

（1）测量制动开关 T4gk 插接件端 T4gk/3 端子对搭铁电阻，结果小于 2 Ω 时，则线路对搭铁短路，需要检修线路;结果为无穷大时，则维修结束。

（2）连接制动开关 T4gk 插接件，测量 T4gk/3 端子对搭铁电阻，结果小于 2 Ω 时，则开关内部对搭铁短路，需要检修线路或更换元件，结果为无穷大时，则连接 J623 的 T91 插头，测开关 T4gk/3 端子对搭铁电阻。

（3）连接 J623 的 T91 插头，测开关 T4gk/3 端子对搭铁电阻，结果小于 2 Ω 时，则控制单元 J623 内部对搭铁短路，需要更换 J623，结果为无穷大时，则结束维修。

检查制动开关信号流程

制动开关信号异常
检查信号接收端信号 J623的T91/60和T91/37端子
正常
异常
检修J623本身
检查信号发出端制动开关F T4gk/1和T4gk/3端子
正常
异常
检修J623与制动开关F间线路导通性
检修制动开关电源及供电
异常
正常
正常
异常
检修线束插接器
更换元件或导线
维修完成
验证后更换导线

发动机控制单元 J623 位置及端子

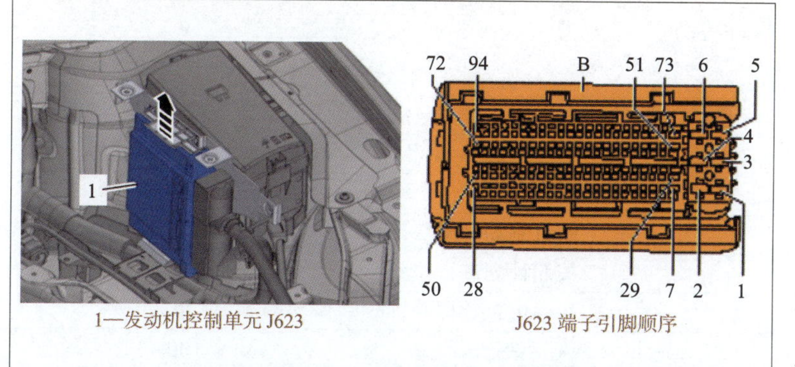

1—发动机控制单元 J623　J623 端子引脚顺序

学习笔记

思维工具是思维的武器，如鱼骨图、故障树等，一定要掌握。

学习笔记

任务测评

一、知识测评

确定本任务的关键词，按重要程度进行关键词排序并举例解读，然后根据自己对重要信息捕捉、排序、表达、创新和划分权重能力进行自评，满分 100 分，如表 3-2-2 所示。

表 3-2-2 排除制动灯故障知识测评表

序号	关键词	举例解读	评分自定
1			
2			
3			
4			
5			
6			
总分			

二、能力测评

表 3-2-3 所列作业内容，操作规范即得分，操作错误或未操作即零分。

表 3-2-3 排除制动灯故障能力测评表

序号	技能点	配分	得分
1	拆卸尾灯	20	
2	安装尾灯	20	
3	制订制动灯维修计划	20	
4	按照计划进行检测	20	
5	正确记录数据并排故	20	
总分		100	

三、素养测评

对表 3-2-4 所列素养点，做到即得分，未做到即零分。

表 3-2-4 检修起动机素养测评表

序号	素养点	配分	得分
1	安全作业，无安全隐患	20	
2	保护环境，无乱扔乱倒	20	
3	规范标准，无野蛮操作	20	
4	团队协作，无不洽关系	20	
5	场地 5S	20	
总分		100	

四、拓展训练

（1）请列举出在排除制动灯故障的过程中易出现的问题，分析产生问题的原因并制定解决问题的措施。（满分 25 分）

（2）2016 款迈腾 B8 1.8 T 车型的汽车，左侧制动灯不亮，仪表提示异常，请通过测量确定导致该现象的原因。制定检修流程并进行检修。（满分 25 分）

（3）不要用身体的勤劳代替思维的懒惰，没有思考的勤奋常常是无效的勤奋，掌握并习惯使用鱼骨图、故障树等思维工具锻炼自己的排故思维，可以产生事半功倍的效果。请按下列思维导图格式（见图 3-2-4），对排除制动灯故障的学习收获进行总结，搜集两个制动故障现象并用鱼骨图做分析，并做成案例，放到自己的案例库中。（满分 25 分）

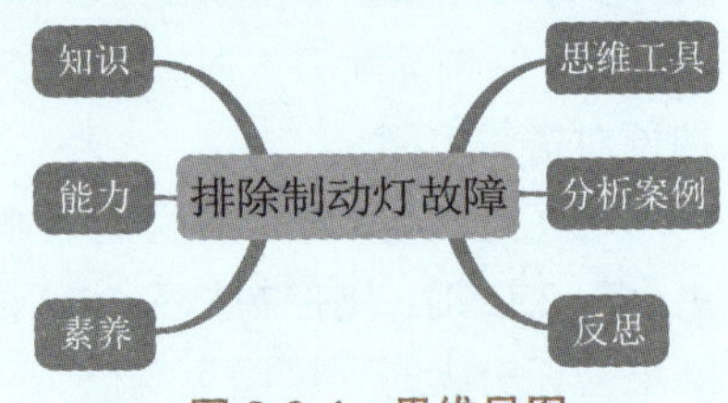

图 3-2-4 思维导图

思维工具是思维的武器，如鱼骨图、故障树等，一定要掌握。

任务三　排除倒车灯常见故障

职业行动

步骤一：检查故障车辆

2018 款迈腾配备 1.8 L TSI 发动机 7 挡双离合变速箱（ODE）的汽车，踩下制动踏板，按下起动键，将挡杆拨至倒车挡，右侧倒车灯不亮。

步骤二：作业准备

1. **作业场地**

选择带有消防设施的汽车检测工位（包含车辆迈腾 B8）。

2. **工量辅具**（见表 3-3-1）

表 3-3-1　工量辅具

套筒扳手组合套具	扭力扳手	万用表
故障诊断仪	**示波器**	**汽车测试线**

3. **耗材**

车辆维修需要更换的零件，如熔丝、继电器、灯泡或开关等。

职业知识

倒车灯

结构	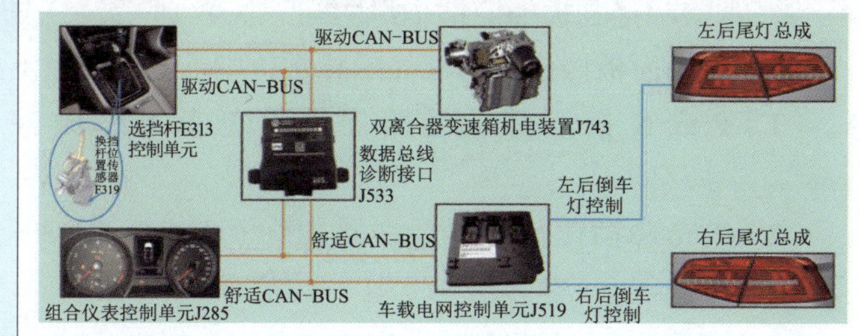
组成	• 倒车灯控制系统。通过车载电网控制单元 J519 集中控制。 • 控制单元。车载电网控制单元 J519，变速杆传感器控制单元（E313 为变速杆）、双离合变速器机电装置 J743、数据总线诊断接口 J533、组合仪表板控制单元 J285、车载电网控制单元 J519。 • 左 / 右后尾灯总成
换挡杆控制单元	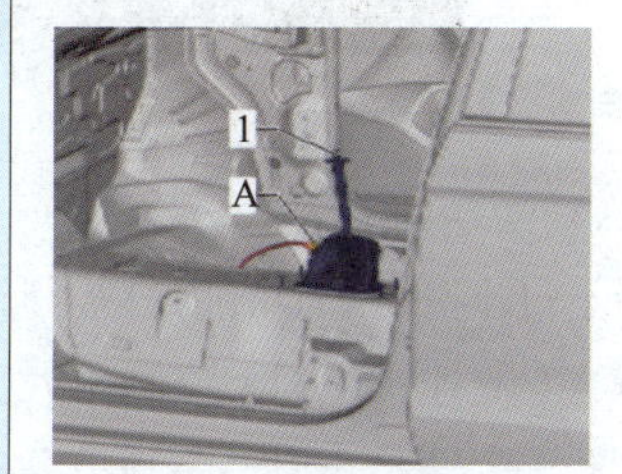 1—换挡杆；A—10 芯插头 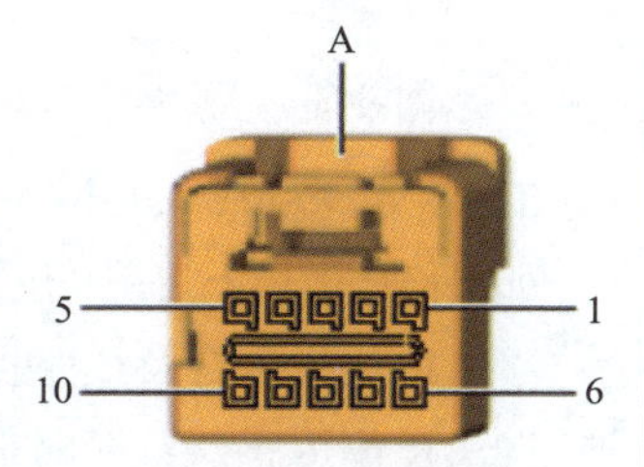 10 芯插头 T10ah

学习笔记

步骤三：确认故障现象

1. 打开点火开关，观察仪表板显示

仪表板显示异常（如状态指示灯、转速表、车速表、提示信息等异常），就需要结合电路图、维修手册先排除仪表板显示异常的故障。

2. 观察换挡面板挡位指示灯目前的状态（P 或 N）显示

如果换挡面板挡位指示灯显示异常，则可能存在以下故障：

（1）P 或 N 指示灯及线路损坏（变速杆 E313 控制单元内部）。

（2）P 或 N 挡位传感器及线路损坏（变速杆 E313 控制单元内部）。

（3）变速杆 E313 控制单元电源故障。

（4）变速杆 E313 控制单元本身损坏。

（5）插接件故障，如图 3-3-1 所示。

图 3-3-1　变速杆位置传感器及换挡面板挡位指示灯

3. 将变速杆移入 R 位，观察换挡面板挡位指示灯

如果换挡面板上只是R位指示灯不亮，则有可能是以下几种情况：

（1）R 位指示灯及线路损坏（变速杆 E313 控制单元内部）。

（2）R 位传感器及线路损坏（变速杆 E313 控制单元内部）。

（3）插接件故障。

倒车灯电路原理	
倒车灯控制电路图 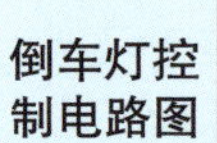	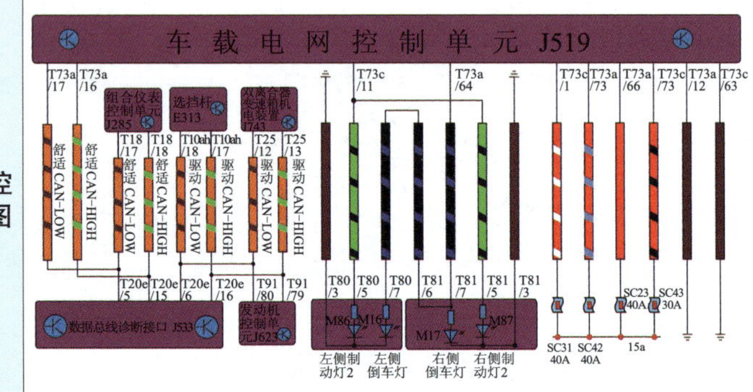
工作原理	• 接收倒车信号。当变速杆被置于倒挡位置时，变速杆控制单元检测到变速杆位置传感器发出的倒挡信号，同时点亮换挡控制面板上的倒车标志符号灯。 • 发出倒车信号。变速杆控制单元通过驱动数据总线将该数据信息发送至发动机控制单元 J623、双离合器变速器机电装置 J743、数据总线诊断接口 J533。 • 变速器进入倒车状态。双离合器变速器机电装置 J743 接收到由变速杆控制单元发出的信号后控制液压机构将齿轮转换至倒车状态。 • 点亮倒车灯。数据总线诊断接口 J533 将数据处理后，通过舒适 CAN 总线将该数据信息发送至车载电网控制单元 J519、组合仪表板控制单元 J285。组合仪表板控制单元 J285 接收到此信息后点亮仪表板上倒挡位置的挡位显示符号；J519 接收到此消息后，分别接通左后和右后倒车灯总成中的 6 个 LED 电源，LED（倒车灯）点亮

　用勤奋代替懒惰，用自律代替任性。

4. 观察仪表板上R位指示灯（见图 3-3-2）

图 3-3-2　右后倒车灯

组合仪表板上 R 位指示异常：

（1）驱动 CAN 总线通信故障。

（2）舒适 CAN 总线通信故障。

（3）数据总线诊断接口 J533（网关）故障。

（4）组合仪表板控制单元 J285 自身故障。

（5）插接件故障。

5. 将换挡杆换至 R 挡，观察后尾灯上的倒车灯

如果后尾灯上的倒车灯全部不亮：

（1）R 位传感器及线路损坏（变速杆 F313 控制单元内部）。

（2）变速杆 E313 控制单元供电、自身故障。

（3）驱动 CAN 总线通信故障。

（4）舒适 CAN 总线通信故障。

（5）数据总线诊断接口 J533（网关）供电、自身故障。

（6）车载电网控制单元 J519 供电、自身故障。

（7）车载电网控制单元 J519 至左、右后尾灯倒车灯控制线路故障。

（8）LED 故障。

（9）左、右后尾灯有搭铁或线路故障。

（10）插接件故障。

如果后尾灯上倒车灯一侧不亮：

（1）车载电网控制单元 J519 一侧倒车灯控制输出故障。

（2）车载电网控制单元 J519 至一侧倒车灯控制线路故障。

（3）一侧 LED 故障。

（4）一侧后尾灯搭铁、线路故障。

（5）插接件故障。

现在汽车一般都具有自诊断功能，最好首先读取故障码。

迈腾 B8 倒车灯排故流程

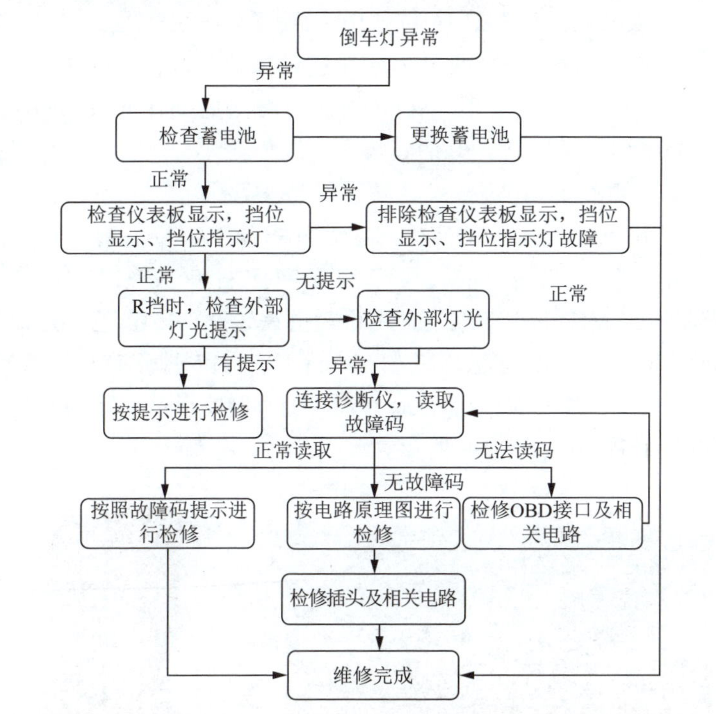

迈腾 B8 倒车灯系统故障检测技术要求

- 挡位传感器和变速杆控制单元出现故障。首先表现仪表板挡位显示异常、车辆无法起动、车辆换入行驶挡位后不能移动。所以，此处先不考虑倒车灯不亮故障，首先排除仪表板挡位显示异常、车辆无法起动、车辆换入行驶挡位后不能移动故障。
- 总线系统和控制单元出现故障。首先表现为仪表板显示异常、车辆无法起动。所以，此处也不考虑倒车灯不亮故障，首先排除仪表板显示异常、车辆无法起动故障

学习笔记

步骤三：检查倒车灯

1. 测量右后倒车灯 M17 的 T81/7 端子对搭铁电压

打开点火开关至 ON 挡，将变速杆置于 R 位，测量端子对搭铁电压，结果为 0 或 0.1 ～ +B 间，则需测量 J519 的 T73a/64 端子对搭铁电压；结果为 +B 时，需更换倒车灯总成。

2. 测量 J519 的 T73a/64 端子对搭铁电压

打开点火开关至 ON 挡，将变速杆置于 R 位，测量端子对搭铁电压，结果为 0 时，则车载电网控制单元 J519 故障，或 T73a/64 与 MI7 端子 T81/7 间线路对搭铁短路，J519 基于过流保护而中断电流，需检查 J519 的 T73a/64 与 M17 端子 T81/7 间线路的导通性；结果为 0.1 ～ +B 时，则车载电网控制单元 J519 故障，需更换 J519，如图 3-3-3 所示。

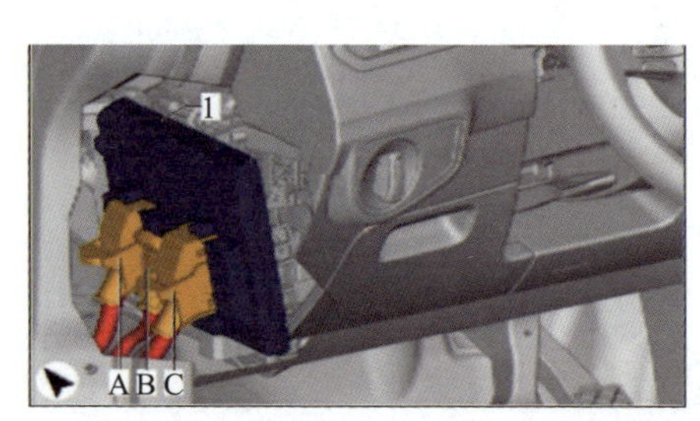

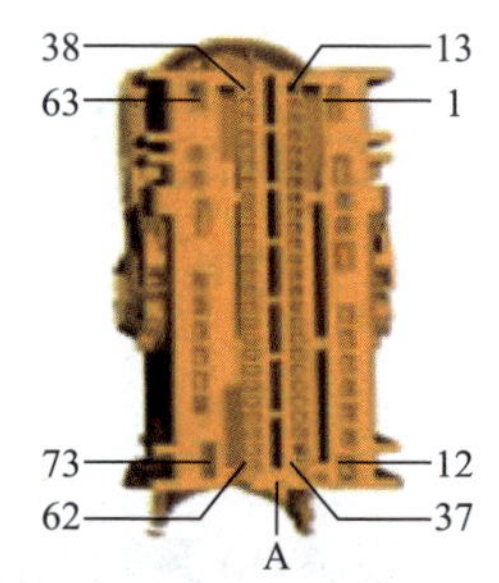

73 芯插头连接 T73a

图 3-3-3 车重电网控制单元插头

3. 检查 J519 的 T73a/64 与 M17 端子 T81/7 间线路的导通性

关闭点火开关，拔下右后倒车灯和 J519 插接器，测量导线端对端电压，结果为无穷大时，则 T73a/64 与 T81/7 间线路断路，需要检修线路；结果大于 2 Ω 时，则 T73a/64 与 T81/7 间线路虚接，需要检修线路；结果小于 2 Ω 时，则线束插接器故障，检查后需要重新测，需要检修插接器。

<table>
<tr><th colspan="2">迈腾 B8 倒车灯控制原理</th></tr>
<tr><td>控制电路原理图</td><td>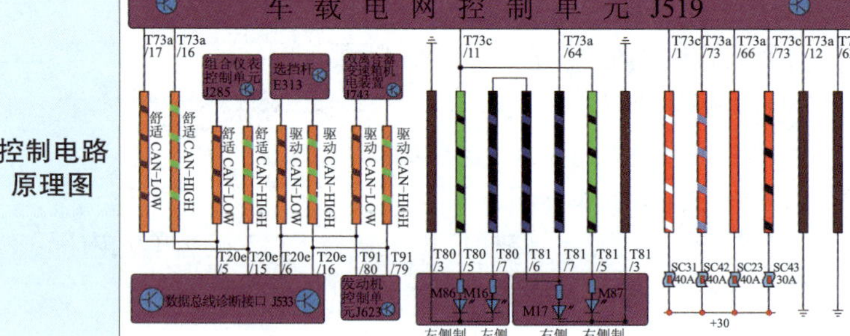
</td></tr>
<tr><td>控制原理</td><td>• 车载电网控制单元为倒车灯供电。为了更好地监测和控制左后、右后倒车灯的开启和关闭，左后、右后倒车灯电源均由车载电网控制单元 J519 提供并控制。
• 点亮倒车灯 M17。右后倒车灯 M17 控制由 J519 的 T73a/64 端子输出，至右后倒车灯的 T87 端子，给右后倒车灯 M17 提供电源。M17 通过右后端子 T81/3 端子搭铁构成回路，点亮右后倒车灯 M17</td></tr>
</table>

用勤奋代替懒惰，用自律代替任性。

学习笔记

4. 检测右后倒车灯 T81/7 线路对搭铁电阻

关闭点火开关，断开右后倒车灯 T81 与 T73a 插接件：

（1）测量 T81 插接件端的 T81/7 端子对搭铁电阻，结果小于 2 Ω 时，则线路对搭铁短路，需要检修线路；结果为无穷大时，则连接 T73a 插接件，测量 T81/7 端子对搭铁电阻。

（2）连接 T73a 插接件，测量 T81/7 端子对搭铁电阻，结果小于 2 Ω 时，则 J519 对搭铁短路，需要更换 J519；结果为大阻值时，则连接 T87 插接件 T81/7 端子对搭铁电阻。

（3）连接 T87 插接件 T87/7 端子对搭铁电阻，结果小于 2 Ω 时，则内部对搭铁短路，需要维修或更换总成。

5. 检查右侧倒车灯电源负极

测量右侧倒车灯搭铁之前需要拆下盖板找到电气连接插头，如图 3-3-4 所示。

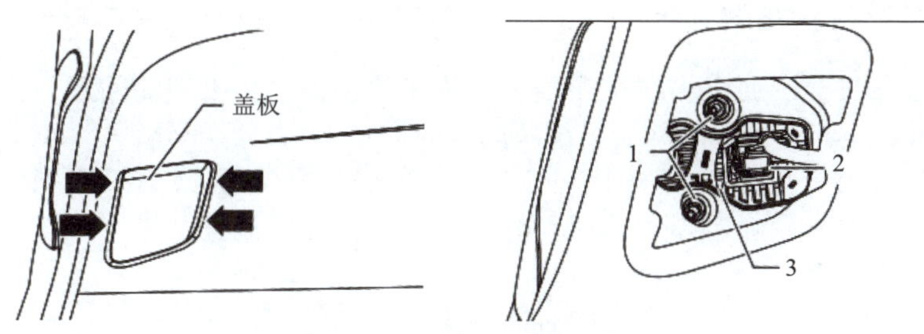

图 3-3-4　右侧倒车灯电气插头

1—紧固螺栓；2—电气连接插头；3—尾灯

在任何工况条件下，测量 T81/3 端子对塔铁电压，结果为 0.1 ～ +B 时，则搭铁线路虚接，需要检修线路；结果为 +B 时，则搭铁线路断路，需要检修线路；结果为 0 V 时，则灯光异常时考虑右侧倒车灯 LED 灯泡故障，需要更换总成。

迈腾 B8 右后倒车灯故障分析

只针对右侧倒车灯 M17 工作异常的故障进行诊断，其常见故障如下：

- M17 的 LED 灯泡损坏。
- M17 的供电线路断路。
- M17 的供电线路虚接。
- M17 的供电线路对搭铁短路。
- 车载电网控制单元 J519 局部损坏（倒车灯控制）

迈腾 B8 右侧倒车灯故障无故障码排故流程

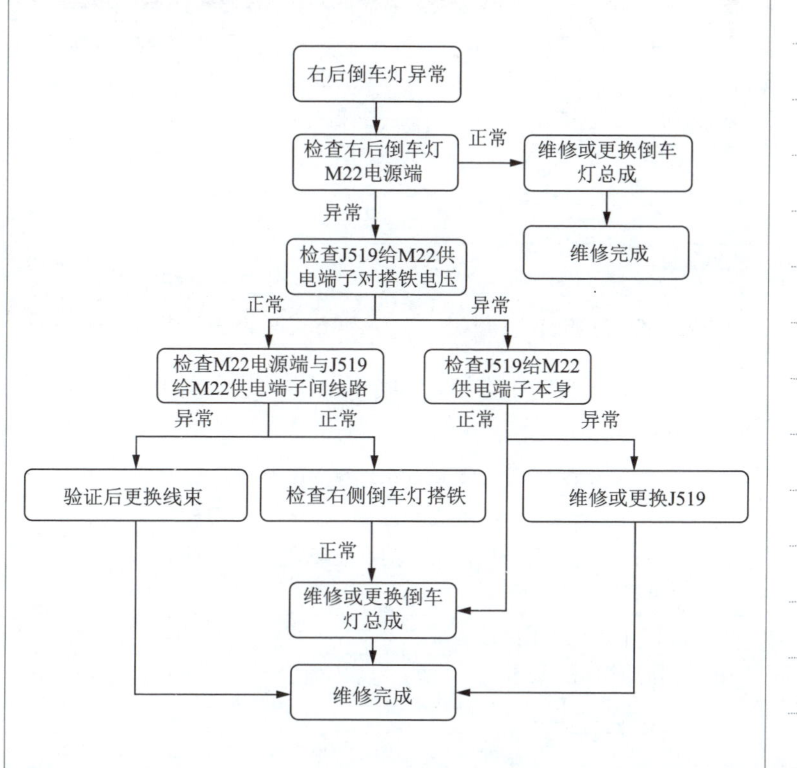

学习笔记

任务测评

一、知识测评

确定本任务的关键词，按重要程度进行关键词排序并举例解读，然后根据自己对重要信息捕捉、排序、表达、创新和划分权重能力进行自评，满分 100 分，如表 3-3-2 所示。

表 3-3-2　排除倒车灯故障知识测评表

序号	关键词	举例解读	评分自定
1			
2			
3			
4			
5			
6			
总分			

二、能力测评

表 3-3-3 所列作业内容，操作规范即得分，操作错误或未操作即零分。

表 3-3-3　排除倒车灯故障能力测评表

序号	技能点	配分	得分
1	通过仪表板及挡位指示灯记录故障现象	20	
2	进行初步分析	20	
3	制订倒车灯维修计划	20	
4	按照计划进行检测	20	
5	正确记录数据并排故	20	
总分		100	

三、素养测评

对表 3-3-4 所列素养点，做到即得分，未做到即零分。

表 3-3-4　排除倒车灯故障素养测评表

序号	素养点	配分	得分
1	安全作业，无安全隐患	20	
2	保护环境，无乱扔乱倒	20	
3	规范标准，无野蛮操作	20	
4	团队协作，无不洽关系	20	
5	场地 5S	20	
总分		100	

四、拓展训练

（1）请列举出在排除倒车灯故障的过程中易出现的问题，分析产生问题的原因并制定解决问题的措施。（满分 25 分）

（2）2018 款迈腾 B8 1.8 T 车型的汽车，左侧倒车灯不亮，请通过测量确定导致该现象的原因。制订检修流程并进行检修。（满分 25 分）

（3）有人说“人生中有两种痛苦：一种是自律的痛苦，一种是后悔的痛苦。两者之间的区别在于，后者要比前者大千倍。”人都有懒惰的倾向，但懒惰不会让人更快乐。真正的快乐来自于勤勉，革去旧我，创造新我，成就非凡人生。请按下列思维导图格式（见图 3-3-5），对排除倒车灯故障的学习收获进行总结，并举例说明 3 个自己勤勉的事例，同时搜集 2 种倒车灯故障现象，用思维导图法寻找原因，并做成案例。（满分 25 分）

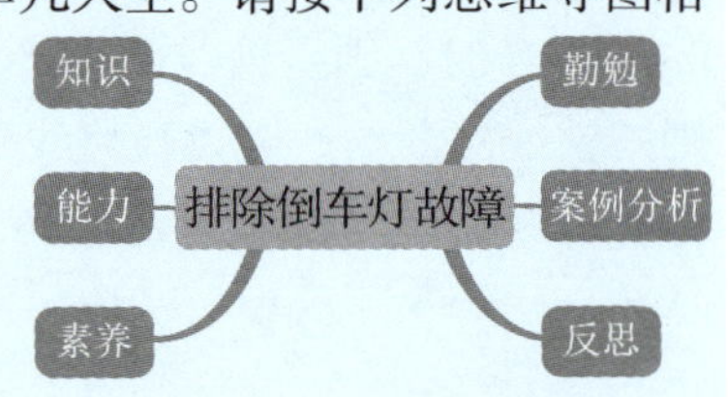

图 3-3-5　思维导图

用勤奋代替懒惰，用自律代替任性。

任务四 排除转向、警告灯系统故障

职业行动

步骤一：检查故障车辆

2018 款迈腾配备 1.8 T 发动机 7 挡双离合变速箱（ODE）的汽车，打开点火开关至 ON 挡，打开转向开关，左侧转向灯不亮，打开危险警告灯开关，左侧危险警告灯不亮。

步骤二：作业准备

1. 作业场地

选择环保且带有消防设施的作业场地（包含车辆迈腾 B8）。

2. 工量辅具（见表 3-4-1）

表 3-4-1 工量辅具

套筒扳手组合套具	扭力扳手	万用表
故障诊断仪	示波器	汽车测试线

3. 耗材

车辆维修需要更换的零件，如熔丝、继电器、灯泡或开关等。

职业知识

转向、危险警告灯

转向灯结构	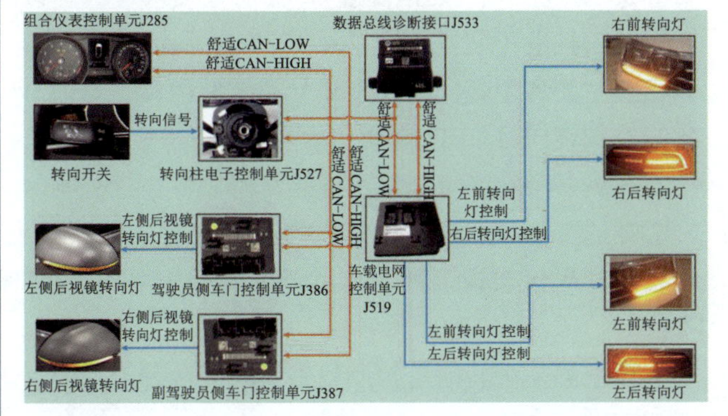
危险警告灯结构	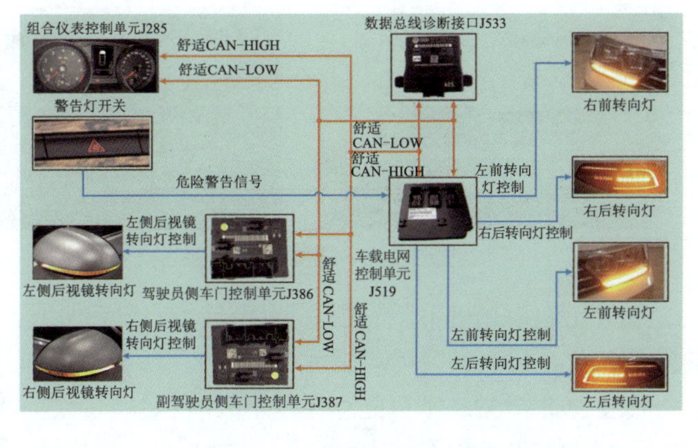

视频

3-5 检修转向信号灯电路

学习笔记

步骤三：确认故障现象

1. 向后拨动转向灯开关手柄至左转向灯开启位置，观察左侧转向灯，观察仪表板上左侧转向指示灯（见图 3-4-1）

（1）如果异常，则可能存在以下故障：

①转向灯开关及线路故障。

② J519 电源、线路故障。

③转向柱电子装置控制单元 J527 电源、线路故障。

④至左侧各个转向灯控制信号及线路故障。

⑤左侧转向灯 LED 故障。

⑥左侧各个转向灯搭铁及线路故障。

⑦舒适 CAN 总线故障。

（2）如果仪表板上转向指示灯闪烁频率增加，可能存在以下故障：

①至左侧某个转向灯控制信号及线路故障。

②左侧某个转向灯 LED 故障。

③左侧某个转向灯搭铁及线路故障。

图 3-4-1　转向、危险警告灯

2. 向前拨动转向灯开关手柄至右转向灯开启位置，观察右侧转向灯、仪表板上右侧转向指示灯

（1）如果异常，则可能存在以下故障：

①转向灯开关以及线路故障。

迈腾 B8 转向灯开关

原理图	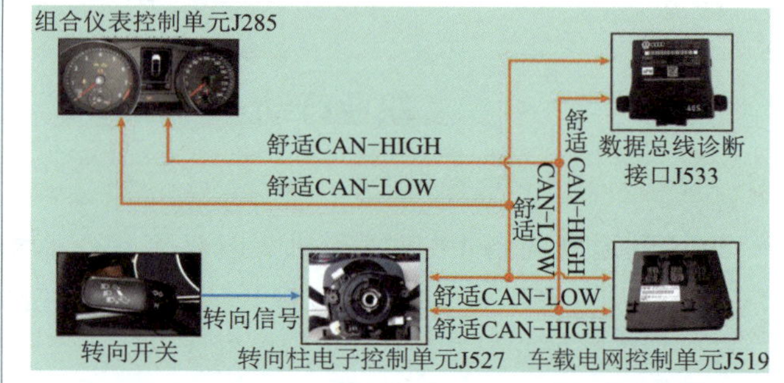
安装位置	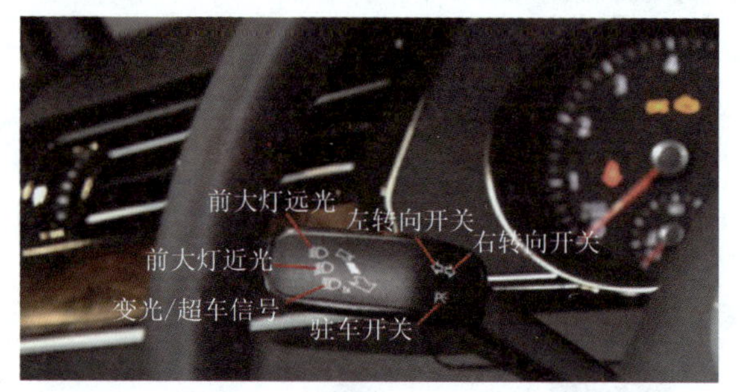
转向灯控制原理	• 转向开关发出信号。打开点火开关至 ON 挡，向前拨动转向开关，接通开关内部右转向灯触点，随即转向柱电子装置控制单元 J527 接收到右转向灯开启的信号。控制单元 J527 将这个信号通过舒适 CAN 总线将数据发给车载电网控制单元 J519 和组合仪表板控制单元 J285。 • 控制单元接收信号。打开点火开关至 ON 挡，向后拨动转向开关，接通开关内部左转向灯触点，随即转向柱电子装置控制单元 J527 接收到左转向灯开启的模拟信号。控制单元 J527 将这个信号通过舒适 CAN 总线将数据发给车载电网控制单元 J519 和组合仪表板控制单元 J285

要把自己培养成爱思考的人。

学习笔记

②车载电网控制单元 J519 电源和线路故障。

③转向柱电子装置控制单元 J527 电源和线路故障。

④至右侧各个转向灯控制信号及线路故障。

⑤右侧转向灯 LED 故障。

⑥右侧各个转向灯搭铁及线路故障。

⑦舒适 CAN 总线故障。

（2）如果仪表板上转向指示灯闪烁频率增加，可能存在以下故障：

①至右侧某个转向灯控制信号及线路故障。

②右侧某个转向灯 LED 故障。

③右侧某个转向灯搭铁及线路故障。

3. 按下危险警告灯开关，观察前部左右两侧转向灯，观察后部左、右两侧转向灯，仪表板上左、右两侧转向指示灯

（1）如果异常，则可能存在以下故障：

①危险警告灯开关以及线路故障。

②车载电网控制单元 J519 电源、线路故障。

③转向柱电子装置控制单元电源、线路故障。

④至左、右侧各个转向灯控制信号及线路故障。

⑤左、右侧转向灯 LED 故障。

⑥左、右侧各个转向灯搭铁及线路故障。

⑦舒适 CAN 总线故障，如图 3-4-2 所示。

4. 观察仪表板是否提示灯光系统故障

（1）如果仪表板提示灯光系统故障，则根据仪表板提示进行检查和维修；如果在危险警告灯开启状态下，所有转向灯正常，则可能存在以下故障：

①转向灯开关及线路故障。

②车载电网控制单元 J519 内部故障（局部）。

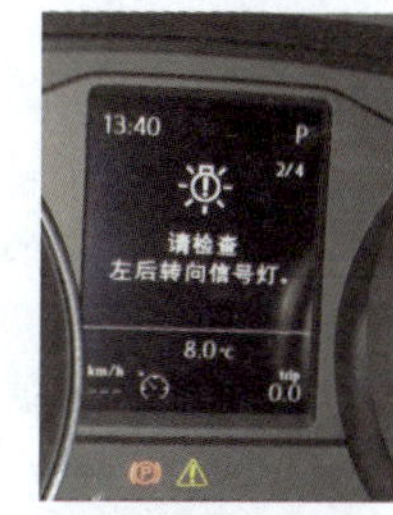

图 3-4-2　灯光故障提示

迈腾 B8 危险警告灯开关

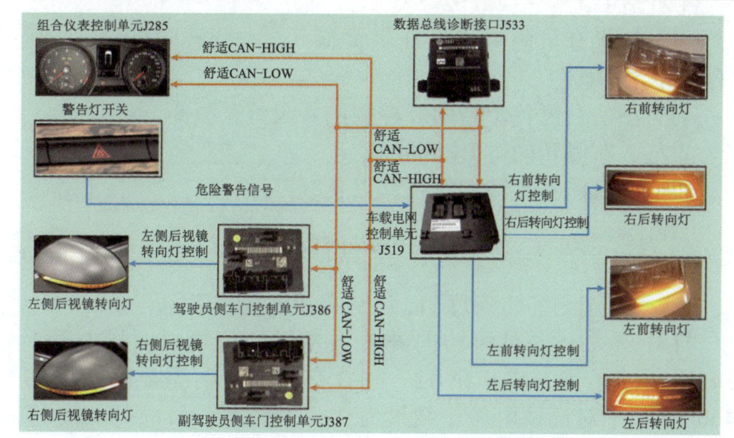

• 开关操作：按下危险警告灯开关，开关内部触点接通，随即 J519 就可接收到双闪开关开启的信号，J519 控制双闪开关上的双闪指示灯闪烁；同时，控制单元 J519 将这个信号通过舒适 CAN 总线将数据传递给组合仪表板控制单元 J285。

迈腾 B8 转向柱电子装置控制单元 J527

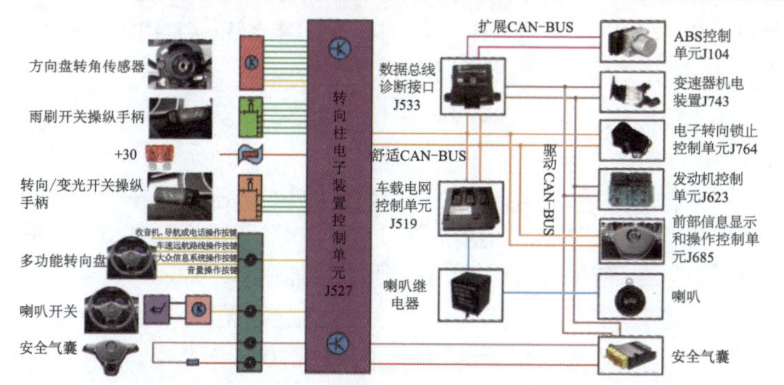

J527 将以下开关的信号通过舒适 CAN 总线传递给 J519 以及 J533。数据总线诊断接口 J533 再将这些信息通过 CAN 总线传递给音响以及发动机控制单元

学习笔记

③转向柱电子装置控制单元 J527 电源、线路故障。

④舒适 CAN 总线故障。

（3）如果在危险警告灯开启状态下，一侧转向灯异常，则可能存在以下故障：

①至左、右侧各个转向灯控制信号及线路故障。

②左、右侧转向灯 LED 故障。

③左、右侧各个转向灯搭铁以及线路故障。

步骤四：检查前（后）转向灯控制线路

1. 测量左侧前转向灯 T10az/9 端子对搭铁电压

打开点火开关且将转向开关至左转向位置，测量电子对搭铁电压，结果为 0 或 0 和 0.1 ～ +B 交替时，则需要测量 J519 的 T46b/36 端子对搭铁电压；结果为 0 ～ +B 交替时，则检查左侧转向灯电源负极

2. 测量 J519 的 T46b/36 端子对搭铁电压

打开点火开关且将转向开关拨至左转向位置，结果为 0 时，则 J519 局部故障或 T46b/1 与 T10az/9 间线路对搭铁短路，J519 基于过流保护中断电源供给，需要检测左侧转向灯 T10az/9 线路对搭铁电阻；结果为 0 和 0.1 ～ +B 时，则 J519 局部故障，需要更换 J519；结果为 0 至 +B 交替时，则 T46b/36 与 T10az/9 间线路断路或虚接，需要检查线路导通性。

3. 检查 J519 的 T46b/36 与左侧转向灯 T10az/9 间线路的导通性

关闭点火开关，拔下 M5 和 J519 插接器，测量导线端对端电阻，结果大于 2 Ω 或无穷大时，则 T46b/36 与 T10az/9 间线路故障，需要检修线路；结果小于 2 Ω 时，则插接器故障，需要检修插接器。

4. 检测左侧转向灯 T10az/9 线路对搭铁电阻

关闭点火开关，断开左前转向灯 T10az 与控制单元 J519 的 T46b 插接件，分别测量开路、连接 T46b 插接件、连接 T10az 插接件时 M5 的 T10az/9 端子对搭铁电阻，结果小于 2 Ω 时，则线路对搭铁短路或 J519 内部对搭铁短路，需要维修线路或更换元件；

迈腾 B8 转向、危险警告灯线路排故流程

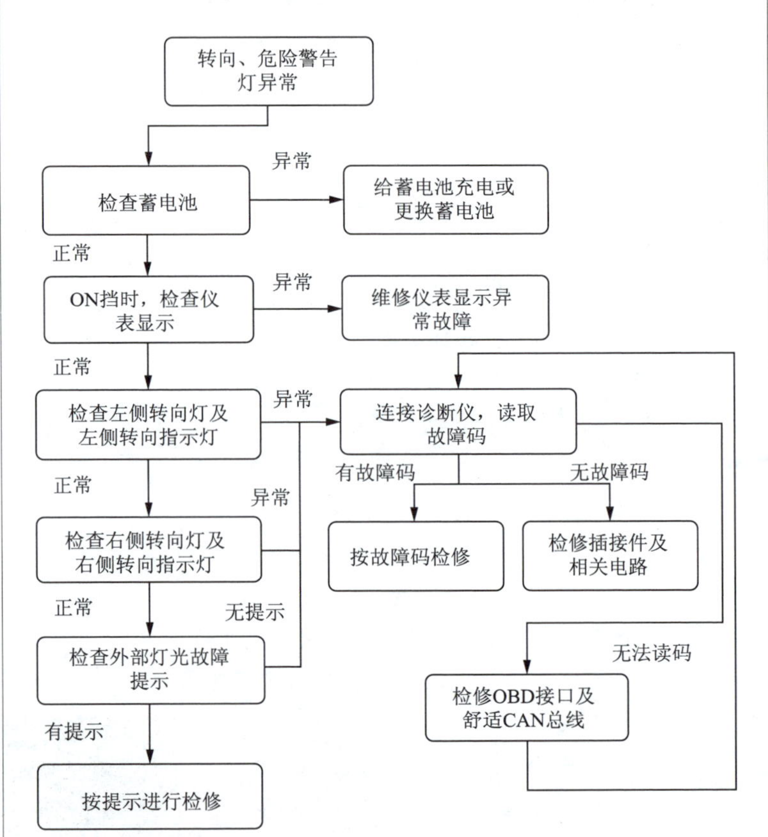

迈腾 B8 转向、危险警告灯线路故障

左前转向灯 M5 控制由 J519 通过其 T46b/36 端子和左前转向灯 T10az/9 之间的电路给左前转向灯 M5 提供电源，再通过左前转向灯端子 T10az/5 端子搭铁构成回路，点亮左前转向灯 M5

要把自己培养成爱思考的人。

结果为无穷大时，则灯泡损坏，需要更换总成；结果为无穷大、73 Ω、大阻值时，维修结束。

5. 检查左侧转向灯电源负极

T10az/5 为左侧转向灯的 LED 灯泡提供电源主搭铁。若线路异常，左前转向灯的 LED 或卤素灯泡可能电源功率不足，导致左侧灯光暗淡或无法点亮。在任何工况条件下，测量 T10az/5 端子对搭铁电压，结果为 0.1 ～ +B 或 +B 时，则搭铁线路故障，需要检修线路，结果为 0 时，则灯光工作异常时考虑更换 LED 灯泡。

步骤五：检查危险警告灯开关线路

1. 测量 J519 的 T73c/42 端子对搭铁电压

在任何时候，未打开危险警告灯开关时，测量结果应为 3.5 ～ 4.5 V，按下危险警告灯开关，测量结果应为 0，当结果异常时，则测量危险警告灯开关 T12g/5 端子对搭铁电压；当结果正常时，需要检查 J519。

2. 测量危险警告灯开关 T12g/5 端子对搭铁电压

在任何时候，未打开危险警告灯开关时，测量结果应为 3.5 ～ 4.5 V，按下危险警告灯开关，测量结果应为 0，当结果异常时，需要进行 4、5、6 步检查。

3. 检查 J519 的 T73c/42 与危险警告灯开关 T12g/5 间线路的导通性

关闭点火开关，拔下危险警告灯开关和 J519 插接器，测量导线端对端电阻，结果为无穷大或大于 2 Ω 时，则 T73c/42 与 T12g/5 间线路断路或虚接，需要检修线路；结果小于 2 Ω 时，则线束插接器故障，需要检修线路插接器。

4. 检查危险警告等开关的 T12g/5 与 T12g/1 间线路的导通性

关闭点火开关，按危险警报灯开关，测量两端电阻，结果为无穷大时，则开关内部断路，需要检修线路；结果大于 2 Ω 时，则灯开关虚接，需要检修线路；结果小于 2 Ω 时，则线束插接器故障，需要检修插接器。

迈腾 B8 转向、危险警告灯线路故障

左侧前转向灯异常点亮的常见故障如下：

- M5 的 LED 或灯泡损坏。
- M5 的供电线路断路。
- M5 的供电线路虚接。
- M5 的供电线路对搭铁短路。
- 车载电网控制单元 J519 局部损坏（前转向灯控制）

迈腾 B8 危险警告灯开关线路故障

电路原理图

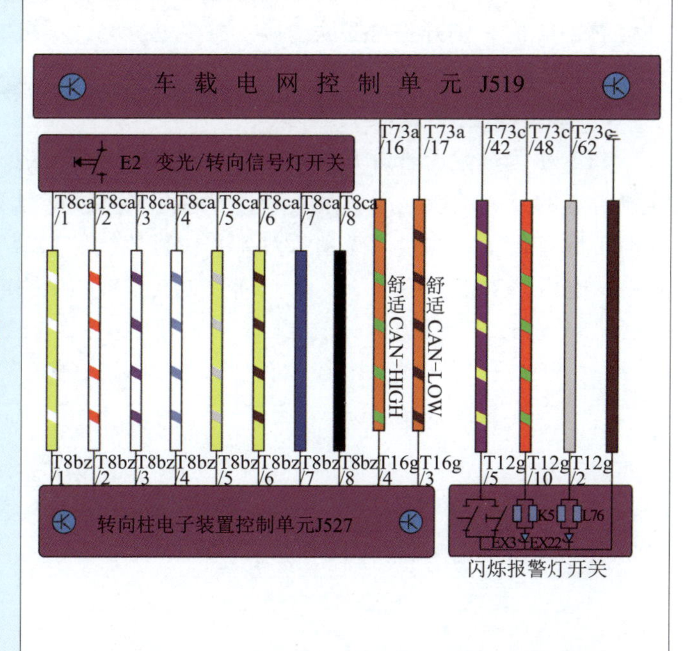

学习笔记

学习笔记

5. 检测危险警告灯开关 T12g/5 线路对搭铁电阻

（1）关闭点火开关，断开危险警告灯开关 T12g 与 J519 的 T73c 插接件，测量开关的 T12g/5 端子对搭铁电阻，结果小于 2 Ω 时，则线路对搭铁短路，需要维修线路；结果大于 2 Ω 时，则线路对搭铁虚接，需要检修线路；结果为无穷大时，则连接 J519 的 T73c 插接件重新测量。

（2）连接 J519 的 T73c 插接件，测量开关的 T12g/5 端子对搭铁电阻，结果小于 2 Ω 时，则 J519 对搭铁短路，需要更换 J519；结果大于 2 Ω 时，则 J519 对搭铁虚接，需要更换 J519；结果为无穷大时，需要连接 M6 的 T8au 插接件重新测量。

（3）连接 M6 的 T8au 插接件，测量 M6 的 T8au/8 端子对搭铁电阻，结果小于 2 Ω 时，则开关对搭铁短路，需要更换开关；结果大于 2 Ω 时，则开关对搭铁虚接，需要更换 J519；结果为无穷大时，则维修结束。

6. 检查危险警告灯电源负极

T12g/1 为危险警告灯开关提供电源主搭铁。若线路异常，危险警告灯的开关可能电源功率不足，导致开关无法正常工作，在任何工况条件下，测量闪烁警报灯开关中棕色线（T12g/1）端子对搭铁电压，结果为 0.1 ～ +B 或 +B 时，则搭铁线路断路或虚接，需要检修线路；结果为 0 时，灯光工作异常时考虑更换 LED 灯泡。

常见故障	车载电网控制单元 J519 通过其 T73c/42 端子和危险警告灯开关 T12/5 端子之间的电路连接到危险警告灯开关，然后通过开关的 T12g/1 端子构成搭铁回路（开关闭合时）。危险警告灯开关点亮异常的常见故障如下： • 危险警告灯开关损坏。 • 危险警告灯开关的信号线路断路、虚接。 • 危险警告灯开关的信号线路对搭铁短路。 • 危险警告灯开关的搭铁线路断路、虚接。 • 车载电网控制单元 510 局部损坏（危险警告灯开关信号输入）

学习笔记

任务测评

一、知识测评

确定本任务的关键词，按重要程度进行关键词排序并举例解读，然后根据自己对重要信息捕捉、排序、表达、创新和划分权重能力进行自评，满分 100 分，如表 3-4-2 所示。

表 3-4-2　排除转向、危险警告灯异常故障知识测评表

序号	关键词	举例解读	评分自定
1			
2			
3			
4			
5			
6			
总分			

二、能力测评

对表 3-4-3 所列作业内容，操作规范即得分，操作错误或未操作即零分。

表 3-4-3　排除转向、警告灯异常故障能力测评表

序号	技能点	配分	得分
1	正确记录故障现象	20	
2	进行初步分析	20	
3	制定转向、警告灯故障维修计划	20	
4	按照计划进行检测	20	
5	正确记录数据并排故	20	
总分		100	

三、素养测评

对表 3-4-4 所列素养点，做到即得分，未做到即零分。

表 3-4-4　排除转向、危险警告灯异常故障素养测评表

序号	素养点	配分	得分
1	安全作业，无安全隐患	20	
2	保护环境，无乱扔乱倒	20	
3	规范标准，无野蛮操作	20	
4	团队协作，无不洽关系	20	
5	场地 5S	20	
总分		100	

四、拓展训练

（1）请列举出在排除转向、危险警告灯异常故障的过程中易出现的问题，分析产生问题的原因并制定解决问题的措施。（满分 25 分）

（2）2018 款迈腾 B8 1.8 T 车型的汽车，右侧雾灯异常，请通过测量确定导致该现象的原因，制定检修流程并进行检修。（满分 25 分）

（3）一个能思想的人，才真是一个力量无边的人，你掌握了流程图思维模式了吗？请按下列思维导图格式（见图 3-4-3），对排除转向、危险警告灯系统故障的学习收获进行总结，同时搜集 2 个转向、危险警告灯故障现象，用流程图思维模式寻找原因，并做成案例。（满分 50 分）

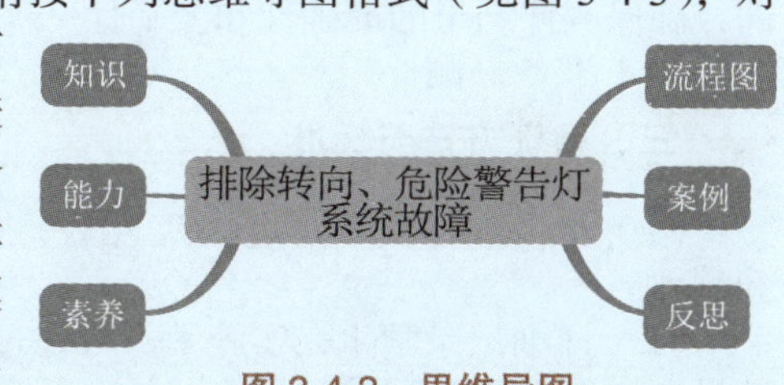

图 3-4-3　思维导图

学习笔记

学习考评

一、考评项目

根据所学，请对 2018 款迈腾 B8L 配备 1.8 T 发动机 7 挡双离合变速箱（ODE）的汽车尾灯进行检修及故障排除作业。

二、实施准备

1. 学生准备

学生按照教学进度计划，已经完成了以下学习任务并达到 75 分以上，可进行该学习考评的实施。

（1）理解并完成学习考评需要的相关知识和方法的学习，得分大于 75 分。

（2）运用学习考评需要的相关知识和方法进行作业，得分大于 75 分。

（3）按时、按质、按量完成相应作业，得分大于 80 分。

（4）具有自觉遵守技术标准和要求规定、规范操作、安全、环保、5S 作业、团结协作的好习惯，得分大于 80 分。

（5）能制定 2016 年迈腾 B8L 1.8 L TSI 车型尾灯检修及故障排除作业流程。

2. 教师准备

（1）在安排学生实施学习考评前，通过课堂问题研讨、作业、实训和考核及其他方式，确认学生已经具备了实施学习成果所需的知识、技能和素养，并确保学生在安全状态下独立进行。

（2）对协助教师进行测评的学生进行测评和监督方法的培训，确保测评结果的准确性和公平性。

（3）准备好测评记录。

三、验证方法与标准

（1）每位测评人员负责对两名学生进行定点、全过程的监控和测评。

（2）详细记录学生在实施学习考评过程中的相关信息、数据、结果、操作方法、完成时间，以及出现错误、事故等情况。

（3）学习考评的作业过程和数据记录等，要求在 60 min 内完成，时间不足，可在即将结束时，口述剩余部分的作业方法。

（4）考评内容及标准如下表所示。

序号	作业项目	考评内容	考评标准	配分	得分
1	尾灯不亮排故	分解工艺	分解工艺错误扣 10 分	15	
		工具使用	工具使用不正确扣 5 分		
2	检测前准备	检查校验仪器仪表	未检查校验仪器仪表或校验方法不正确扣 5 分	10	
		对零部件进行检查或清洁处理	未对零部件进行检查或清洁处理扣 5 分		
3	查阅资料	正确查阅检修资料	未查阅或查阅不正确 0 分	10	
4	检查	检查方法、检查标准，以及其他及标准	检查方法错误扣 5 分	20	
			检查结果有误差扣 5 分		
			技术标准不正确扣 10 分		
5	检测及维护	选择正确的工具	选择错误扣 5 分	25	
		使用方法正确	使用方法错误扣 5 分		
		检测步骤正确	检测步骤错误扣 5 分		
		检测数值准确	检测结果错误扣 5 分		
		操作熟练	操作不熟练扣 5 分		
6	安全文明生产	遵守规程、安全生产	每违犯一项扣 1 分直至扣完	20	
		因违犯操作规程造成事故	因违规操作发生重大人身或设备事故，此题按 0 分计		
总分				100	

学习笔记

拓展阅读

流程图与故障判断

思考、思考还是思考，没有深度的思考，就没有真正的进步，所有汽修高手都是深度思考的行家里手，深度思考到了一定的程度，就会出现准确的直觉判断。新手常常惊讶于师傅一眼就能看出问题所在，这是经验经过思维过滤后形成的思维模式在发挥作用。你有汽车故障判断的思维模式吗？可以好好利用流程图锻炼自己的思维模式。

故障现象一：打开左右转向灯及危险灯，无正常的滴滴响，且转向灯不亮。

可能的故障原因：闪光继电器损坏，更换就可以了；转向灯熔丝熔断，需要检查转向灯是否有短路后，更换熔丝。

故障现象二：单边开启左右转向灯时，左右转向灯闪动频率不一样。

可能的故障原因：左右转向灯泡的功率不一样，或者转向灯某处电路接触不良。

故障现象三：单边开启左右转向灯时正常，但开启危险灯时，有一边不亮。

可能的故障原因：危险灯开关损坏。

故障现象四：开启任何一边转向，只听到吱吱的刺耳声，且灯不亮，关闭即不响。

可能的故障原因：闪光器损坏，或闪光器继电器与插座接触不好，或转向灯熔丝接触不好，或闪光继电器主导线松动。

思考

灯光故障并不复杂，故障判断思考的过程都是一样的，上网学习一下什么是流程图，将上面四种故障现象做一个流程图进行判断。

学习笔记

项目四　检修前部灯光

一、项目描述

对2018款迈腾B8配备1.8 T发动机7挡双离合变速箱（ODE）的汽车前部灯光进行检修与故障排除。

二、项目要求

符合迈腾2018款配备1.8 T发动机7挡双离合变速箱的汽车技术要求与标准，正确使用工具，完成如下作业：

（1）检修前部灯光总成作业。

（2）检修示宽灯作业。

（3）检修远、近光灯作业。

（4）检修雾灯作业。

三、学习目标

（1）说明检修汽车前部灯光总成作业方法。

（2）复述检修示宽灯作业作业方法。

（3）说明检修远、近光灯作业方法。

（4）说出检修雾灯作业方法。

（5）规范地对汽车前部灯光总成进行检修作业。

（6）规范地对示宽灯常见故障进行分析、诊断与排除作业。

（7）规范地对远、近灯常见故障进行分析、诊断与排除作业。

（8）规范地对雾灯常见故障进行分析、诊断与排除作业。

（9）完成“1+X”汽车维修工中级关于前部灯光部分的考核内容。

（10）养成自觉遵守技术标准和要求规定、规范操作、安全、环保、5S作业、团结协作的好习惯。

（11）平凡人做平凡事，践行我们的中国梦。

（12）掌握故障树故障判断方法。

四、学习载体

如下图所示，迈腾B8前大灯分近光灯和远光灯、转向灯、示宽灯、雾灯等，当打开点火开关时，拨动大灯开关至0，示宽和近光灯挡位时，灯光都会异常点亮，拔出至雾灯挡时，雾灯异常点亮。拨动变光开关时，远光灯也异常点亮，默认已经完成内部防盗系统确认当前钥匙为已授权，总线已全部实现唤醒，所以需要对前大灯总成、远光灯电路、近光灯电路、示宽灯电路及雾灯电路进行检修。

学习笔记

视频

4-1 汽车灯光检查

学习笔记

任务一　检修前照灯总成

职业行动

步骤一：作业准备

1. 作业场地

选择环保且带有消防设施的作业场地。

2. 设备设施

2018 款迈腾 B8 配备 1.8 T 发动机 7 挡双离合变速箱（ODE）的汽车、工具车、零件车、抹布、垃圾桶。

3. 工量辅具（见表 4-1-1）

表 4-1-1　工量辅具

套筒扳手组合套具	汽车测试线	万用表
诊断仪	示波器	扭力扳手

职业知识

前照灯总成

左侧车身尾灯	行李箱盖尾灯

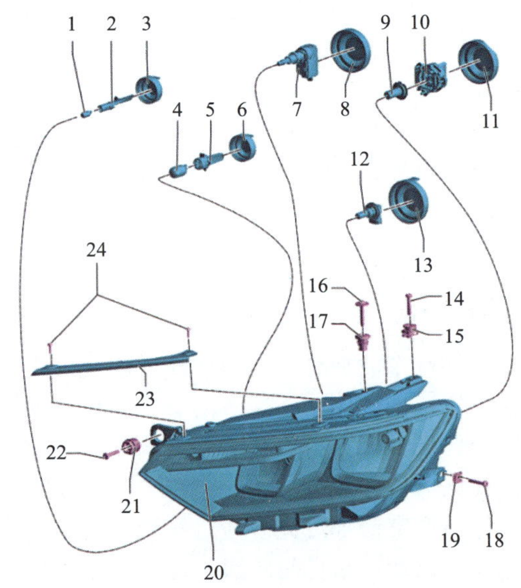

1—驻车示宽灯灯泡盖；2—手柄；3—壳体；4—前部转向信号灯灯泡；5—手柄；6—壳体盖；7—大灯调节装置；8—壳体盖；9—近光灯灯泡；10—灯泡座；11—壳体盖；12—远光灯灯泡；13—壳体盖；14—螺栓；15—调节元件；16—螺栓；17—补偿元件；18—螺栓；19—锁紧螺母；20—大灯；21—空心螺栓；22—螺栓；23—挡板；24—螺栓

视频

4-2 拆装前照灯

认真的人只错一次。

步骤二：拆卸前照灯总成

1. 拆卸散热器格栅

（1）用胶带缠绕大灯的标记区域 3。

（2）用胶带缠绕翼子板尖部下侧。

（3）用胶带缠绕保险杠的标记区域 5，如图 4-1-1 所示。

（4）拧下螺栓，如图 4-1-2 所示。

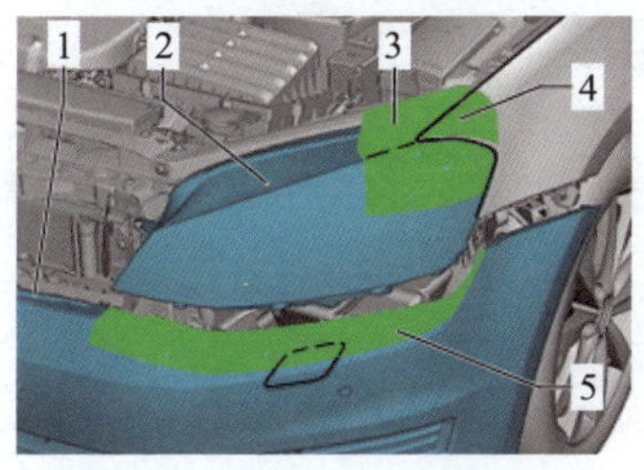

图 4-1-1 拆卸散热器格栅

1—保险杠；2—大灯；

3、5—标记区域；4—翼子板尖部

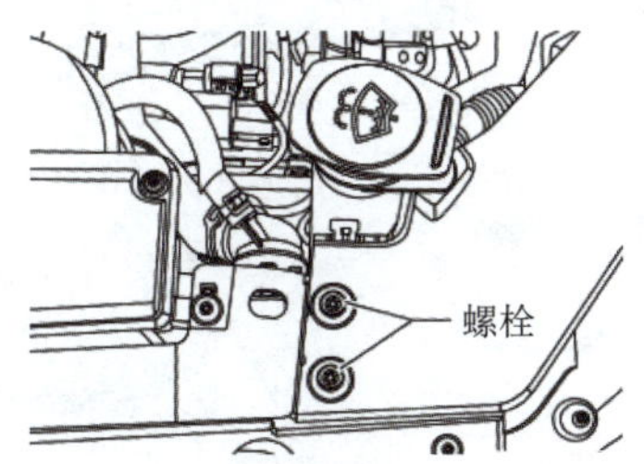

图 4-1-2 拆卸固定螺栓

2. 拆卸前照大灯总成

（1）拧下螺栓 3，取下大灯支架，将螺栓 2 拧松几圈，但不要拧出。

（2）旋出螺栓 4、5，解锁并脱开大灯电器连接插头，向前拔出大灯，如图 4-1-3 所示。

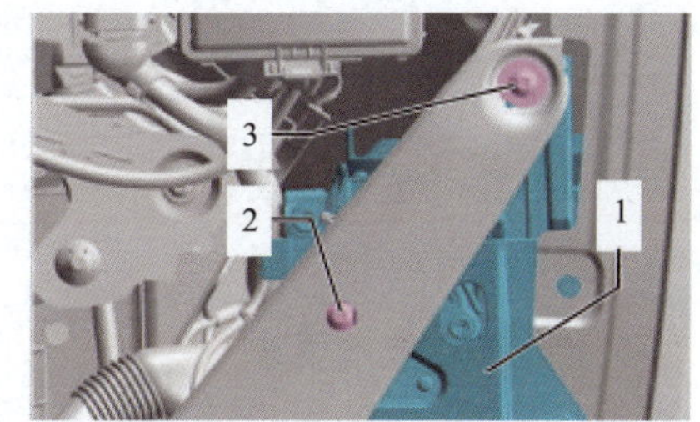

图 4-1-3 拆卸前照大灯总成

1—电气插头；2、3、4、5—螺栓

迈腾 B8 前照灯结构

结构图	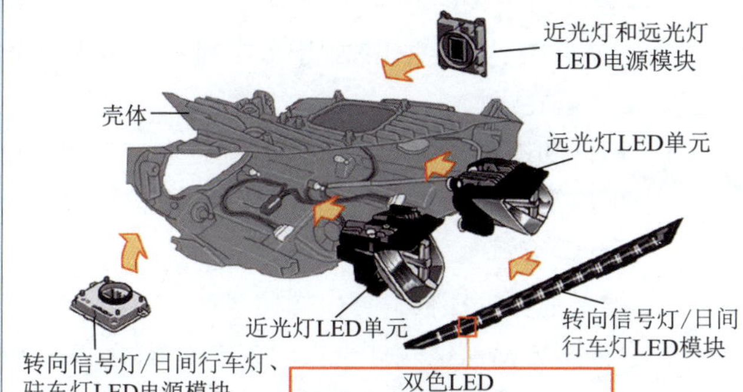
工作方式	• 照明方式。为了节省电能以及增加远光灯与超车灯的亮度，迈腾 B8 左、右远光灯与超车灯照明均采用 LED（发光二极管）模块照明的方式。 • LED 连接及供电方式。远光灯 LED 单元只有一个带散热体，该 LED 单元带有两个多晶 LED 发光单元，每个发光单元各包括两个 LED，用于在接通远光灯时切换到远光灯，LED 单元上的多晶 LED 发光单元串联接通，由远光灯和远光灯电源单元供电

拆卸前照灯总成技术要求

与车身固定螺栓拧紧力矩：8 N•m	前照灯总成螺栓拧紧力矩：4 N•m

安装前照灯总成技术要求

- 安装前需要检查插头、插座等有无损坏，其余按倒序安装即可。
- 安装完成后需要检测大灯总成与引擎盖之间的缝隙大小，若有缝隙需要进行相应调整，全部安装完成后需要反复开关大灯，以验证灯光是否完好

学习笔记

认真的人只错一次。

学习笔记

步骤三：拆卸前雾灯

1. 调整车灯开关位置

关闭点火开关。将点火钥匙置于车外，将车灯开关转至位置“0”。

2. 拆下固定卡

（1）用拆卸楔沿箭头 A 方向撬开固定卡。

（2）再按箭头 B 方向脱开固定卡，如图 4-1-4 所示。

3. 拆卸前雾灯

（1）拆下前雾灯挡板，拧出螺栓。

（2）沿箭头方向从保险杠盖板中拔出前雾灯，如图 4-1-5 所示。

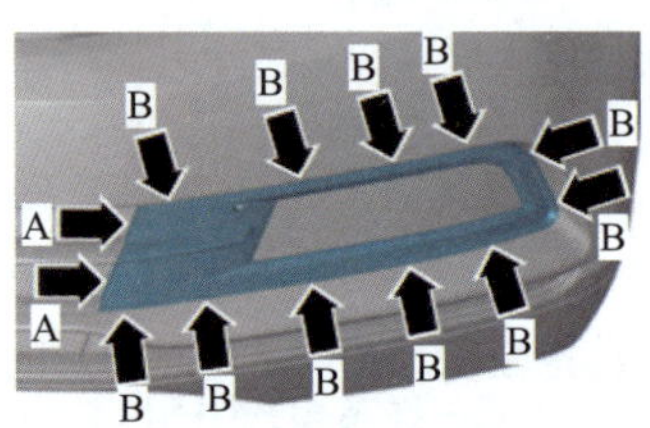

图 4-1-4 拆下固定卡

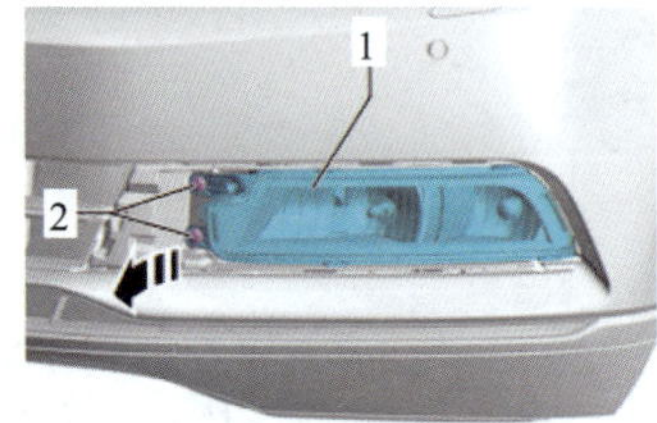

图 4-1-5 拆卸前雾灯

1—雾灯；2—螺栓

（3）解锁并脱开电气连接插头，取下雾灯，如图 4-1-6 所示。

（4）沿箭头方向旋转左前雾灯灯泡并从壳体中拔出，如图 4-1-7 所示。

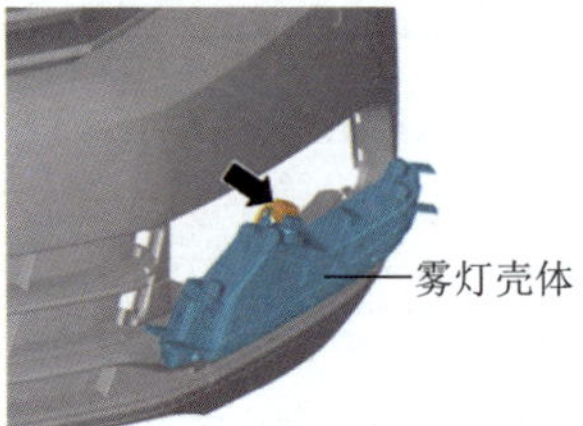

图 4-1-6 取下雾灯

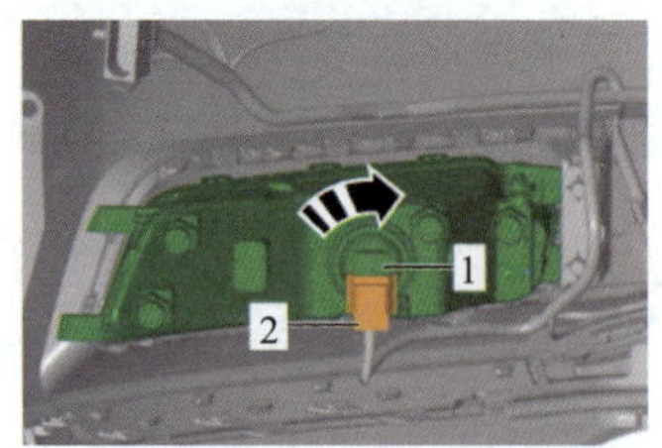

图 4-1-7 取下雾灯灯泡

1—雾灯灯泡；2—电气插头

前雾灯

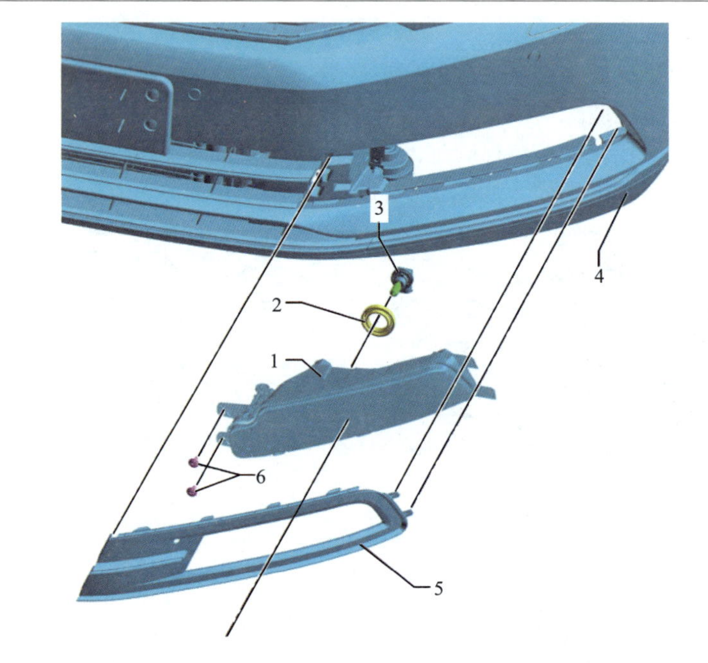

1—前雾灯； 2—盖罩；
3—灯泡座及前雾灯灯泡； 4—前保险杠盖板；
5—前雾灯挡板； 6—螺栓

拆卸前雾灯技术要求

6 号螺栓拧紧力矩：1.5 N•m。

安装前雾灯技术要求

安装以倒序进行，需要进行功能检测，检查大灯调节装置，必要时调整大灯

认真的人只错一次。

任务测评

一、知识测评

确定本任务的关键词，按重要程度进行关键词排序并举例解读，然后根据自己对重要信息捕捉、排序、表达、创新和划分权重能力进行自评，满分 100 分，如表 4-1-2 所示。

表 4-1-2　检修前照灯总成知识测评表

序号	关键词	举例解读	评分自定
1			
2			
3			
4			
5			
6			
总分			

二、能力测评

表 4-1-3 所列作业内容，操作规范得分，操作错误或未操作零分。

表 4-1-3　检修前照灯总成能力测评表

序号	技能点	配分	得分
1	拆卸汽车前照灯	20	
2	拆卸示宽灯	20	
3	拆卸前雾灯	20	
4	安装汽车前照灯	20	
5	安装前雾灯	20	
总分		100	

三、素养测评

对表 4-1-4 所列素养点，做到即得分，未做到即零分。

表 4-1-4　检修前照灯总成素养测评表

序号	素养点	配分	得分
1	安全作业，无安全隐患	20	
2	保护环境，无乱扔乱倒	20	
3	规范标准，无野蛮操作	20	
4	团队协作，无不洽关系	20	
5	场地 5S	20	
总分		100	

四、拓展训练

（1）请列举出在检修前照灯总成的过程中易出现的问题，分析产生问题的原因并制定解决问题的措施。（满分 25 分）

（2）2018 款迈腾 B8 1.8 T 车型的汽车，需要更换前照灯总成，请制定检修流程并进行检修。（满分 25 分）

（3）请按下列思维导图格式（见图 4-1-8），对检修前照灯总成的学习收获进行总结，搜集 2 个前照灯故障现象，用故障树模式分析可能出现的故障原因，并做成 500 字的案例。（满分 50 分）

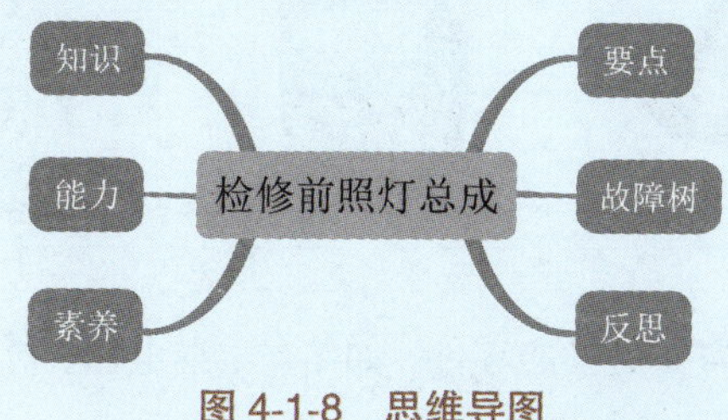

图 4-1-8　思维导图

学习笔记

任务二　排除远光灯异常故障

职业行动

步骤一：检查故障车辆

2018 款迈腾配备 1.8 T 发动机 7 挡双离合变速箱（ODE）的汽车，打开点火开关至 ON 挡，拨动变光开关，近光灯正常点亮，远光灯不亮，仪表板无外部灯光故障提示。

步骤二：检查故障车辆

1. 作业场地

选择环保且带有消防设施的作业场地（包含车辆迈腾 B8）。

2. 工量辅具（见表 4-2-1）

表 4-2-1　工量辅具

套筒扳手组合套具	扭力扳手	万用表
故障诊断仪	示波器	汽车测试线

3. 耗材

车辆维修需要更换的零件，如熔丝、继电器、灯泡或开关等。

职业知识

迈腾 B8 远光灯结构及组成

结构图	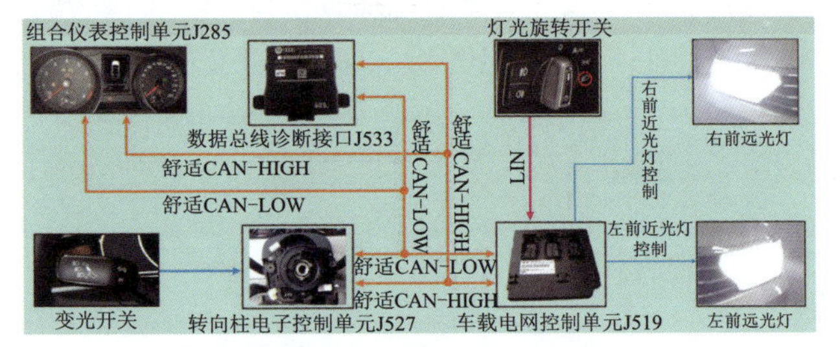
组成	远光灯控制系统通过车载电网控制单元集中控制，系统包含以下元器件： • 灯光旋转开关。 • 车灯变光开关。 • 左前照灯总成。 • 右前照灯总成。 • 转向柱电子装置控制单元 J527。 • 组合仪表板控制单元 J285。 • 数据总线诊断接口 J533。 • 车载电网控制单元 J519

排除电气故障作业要求

维修工需要持有特种作业操作证：低压电工作业证，每三年需要复审，每六年换一次证

视频

4-3 前照灯控制电路

一次深思熟虑，胜过百次草率行动。

步骤三：确认故障现象

1. 观察远光指示灯

向上拉动变光开关至超车挡，观察前照灯左 / 右远光灯点亮、仪表板上远光指示灯，如图 4-2-1 所示。

如果正常，则可能为变光开关内远光开关触点以及线路故障。

如果异常，则可能存在以下故障：

（1）变光开关内超车开关及线路。

（2）转向柱电子装置控制单元 J527 电源、线路。

（3）车载电网控制单元 J519 电源、线路。

（4）至左 / 右远光灯的控制信号及其线路。

（5）左 / 右远光灯 LED。

（6）左 / 右远光灯搭铁及线路。

（7）仪表板及仪表板内部远光指示灯。

（8）数据总线。

2. 将点火开关置于 ON 位置，观察仪表板显示

如果仪表板显示异常（如所有状态指示灯、转速表、车速表、提示信息等），就需要结合电路图、维修手册先排除仪表板显示异常的故障。仪表板正常显示图如图 4-2-2 所示。

图 4-2-1　仪表板远光指示灯

图 4-2-2　仪表板正常显示

迈腾 B8 迈腾 B8 远光灯控制原理

原理图	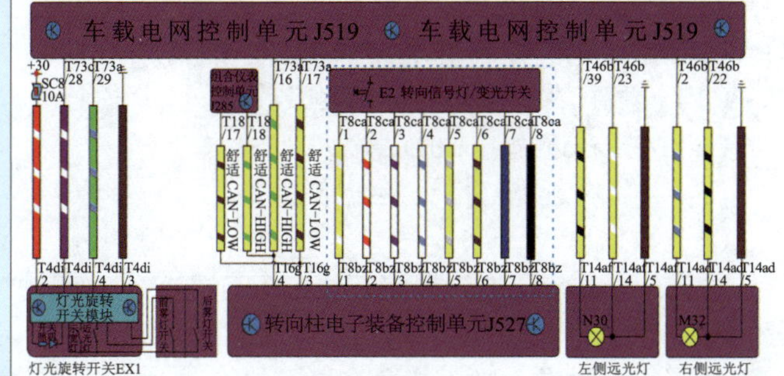
控制原理	• 灯光旋转开关发出远光灯开启信号。将灯光旋转开关旋至近光灯时，变光开关向下按动，开关内部接通远光灯控制触点，随即转向柱电子装置控制单元 J527 接收到远光灯开启的信号。控制单元 J527 将这个信号转换为数字信号，通过舒适 CAN 总线将数据发给车载电网控制单元 J519 和组合仪表板控制单元 J285。 • 灯光及仪表显示点亮。控制单元 J519 接收到此信号后，分别接通左前、右前远光灯控制信号，所有远光灯点亮。组合仪表板控制单元 J285 接收到此信号后，点亮仪表板上的远光指示灯，提示驾驶人灯光状态。 • 信号发送至 J519 及仪表板控制单元。将变光开关向上拉动时，开关内部接通超车灯控制触点，随即 J527 接收到超车灯开启的模拟信号。J527 将这个模拟信号转换为数字信号，通过舒适 CAN 总线将数据发给 J519 和 J285。 • 灯光及仪表提示灯点亮。控制单元 J519 接收到此信号后，分别接通左前、右前远光灯控制信号，所有远光灯点亮。组合仪表板控制单元 J285 接收到此信号后，点亮仪表板上的远光指示灯，提示驾驶人灯光状态

学习笔记

3. 旋转灯光开关至近光灯位置，观察前部左 / 右近光灯

如果异常，则可能存在以下故障：

（1）变光灯光开关以及线路。

（2）车载电网控制单元 J519 电源、线路。

（3）至左 / 右近光灯控制信号及线路。

（4）左 / 右近光灯 LED。

（5）左 / 右近光灯搭铁及线路。

（6）数据总线。

4. 拨动变光开关，观察前部左 / 右远光灯；观察仪表板远光指示灯

如果显示异常，则可能存在以下故障：

（1）变光开关以及线路。

（2）转向柱电子装置控制单元电源、线路。

（3）车载电网控制单元 J519 电源、线路。

（4）至左 / 右远光灯控制信号及线路。

（5）左 / 右远光灯 LED。

（6）左 / 右远光灯搭铁及线路。

（7）仪表板及仪表板内部远光指示灯。

（8）数据总线。

如果正常则检查外部灯光。

5. 观察仪表板灯光系统故障提示

如果有提示则按照提示维修，如图 4-2-3 所示。

图 4-2-3 灯光故障提示

如果上述某一项出现异常，则应结合其结构和工作原理检查相关信号、部件电源、熔丝、线路及部件本身。

6. 连接诊断仪，读取故障码

汽车一般都具有自诊断功能，即使通过故障现象可以明确故障范围，也最好首先读取故障码，这样更有利于快速、准确地诊断故障。

视频

4-4 前照灯不亮故障检测

迈腾 B8 远光灯电路排故流程

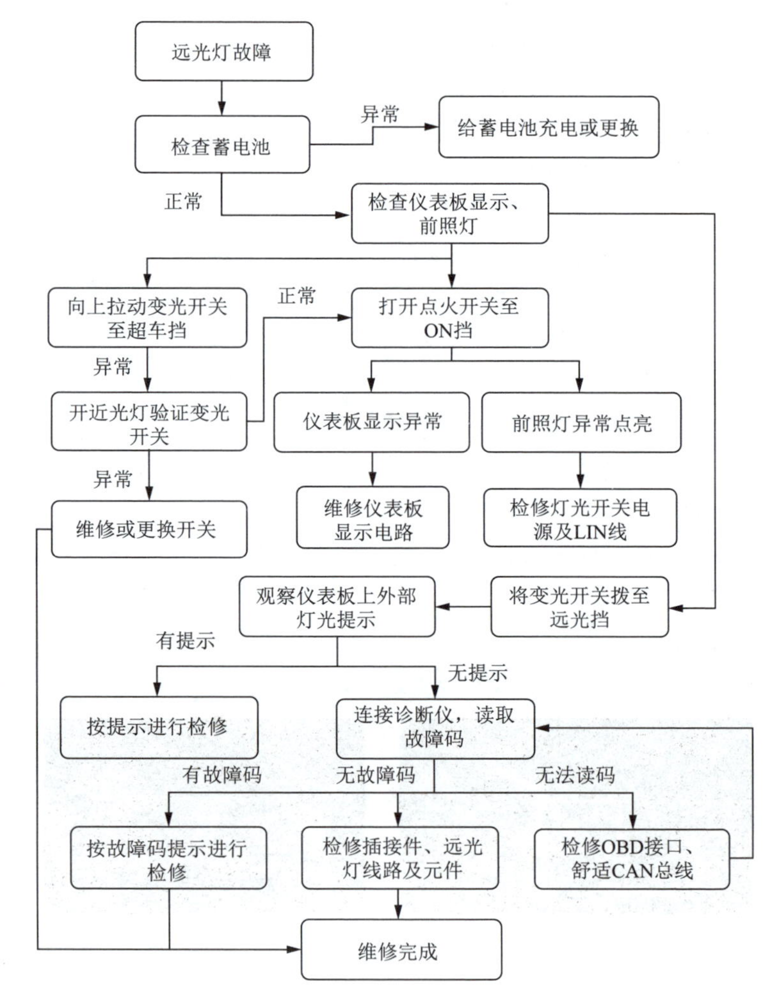

一次深思熟虑，胜过百次草率行动。

步骤四：远光灯控制的检查

1. 测量左侧远光灯 T14af/11 端子对搭铁电压

打开点火开关，将灯光旋转开关 E1 转至近光灯位置，将远光开关向下按至远光灯位置，测量端子对搭铁电压，结果为 0 或 0.1 ～ +B 时，则需要测量 J519 的 T46b/39 端对搭铁电压；结果为 +B 时，则检查左侧远光灯负极。

2. 测量 J519 的 T46b/39 端对搭铁电压

打开点火开关将灯光旋转开关 E1 转至近光灯位置，将远光开关向下按至远光灯位置，测量端子对搭铁电压，结果为 0 时，则 J519 局部故障或 T46b/39 与 T10af/11 间电路对搭铁短路，J519 基于过流保护中断电源供给，均需要检测左侧远光灯 T14af/11 线路对搭铁电阻；结果为 0.1 ～ +B 时，则 J519 局部故障，需要更换 J519；结果为 +B 时，则 T46b/39 与 T14af/11 间线路断路或虚接，需要测量线路导通性，如图 4-2-4 所示。

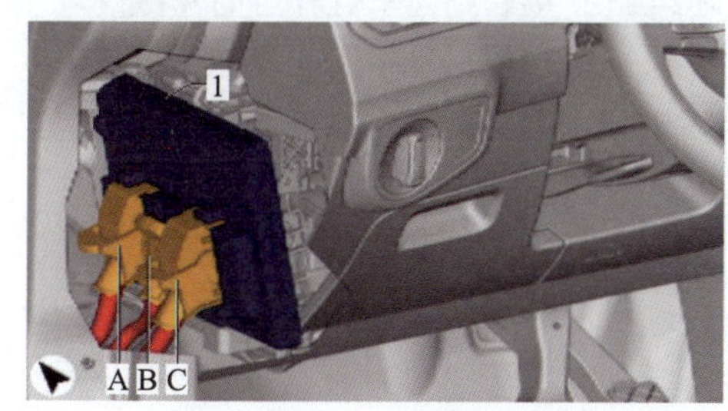

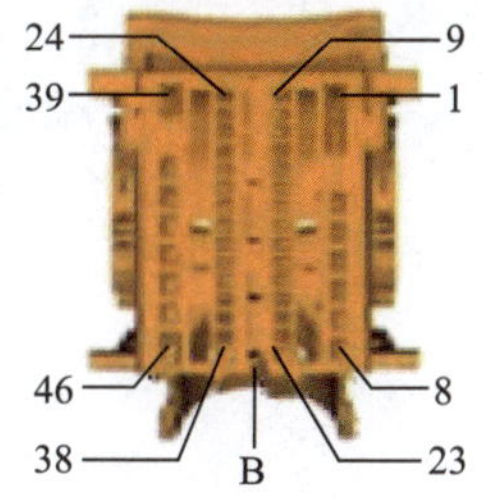

图 4-2-4　车载电网控制单元及 46 芯插头 T46b

左图 1—车载电网控制单元 J519A、B、C 插头；右图—B 插头引脚顺序

3. 检查 J519 的 T46b/39 与左侧远光灯 T14af/11 间线路的导通性

关闭点火开关，拔下左侧远光灯和 J519 插接器，测量导线端对端电阻，结果为无穷大时，则 T46b/39 与 T14af/11 间线路断路，需要检修线路；结果大于 2 Ω 时，则 T46b/39 与 T14af/11 间线路虚接，需要检修线路。

远光灯控制的故障分析

左侧远光灯 M30 的工作由 J519 通过其 T46b/39 端子至左侧远光灯 T14af/11 之间的电路给左侧远光灯 M30 提供电源，再通过左侧远光灯的 T14af/5 端子搭铁构成回路，点亮左侧远光灯 M30。左侧远光灯异常点亮常见故障如下：

- M30 的 LED 或灯泡损坏。
- M30 的供电线路断路。
- M30 的供电线路虚接。
- M30 的供电线路对搭铁短路。
- 车载电网控制单元 J519 局部损坏（远光灯控制）。

迈腾 B8 迈腾 B8 远光灯

远光灯单元	带散热体的LED模块 多晶LED 8W 多晶LED 8W
单元电路连接	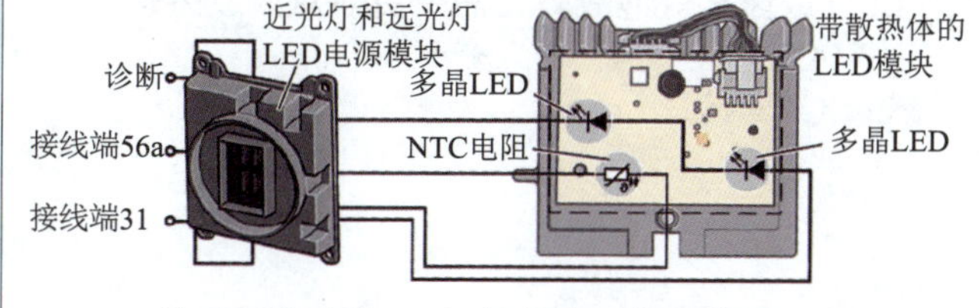 • LED 单元上的多晶 LED 发光单元串联接通，由远光灯和远光灯电源单元供电并直接从 J519 供电。像远光灯 LED 单元一样，在 LED 单元上安装有一个起到温度传感器作用的 NTC 电阻，用以监控 LED 温度并相应减少电流供应

学习笔记

学习笔记

结果小于 2 Ω 时，则线束插接器故障，需要检修插接器。

4. 检测左侧远光灯 T14af/11 线路对搭铁电阻

（1）关闭点火开关，断开左侧远光灯 T14af 与控制单元 J519 的 T46b 插接件，测量左侧远光灯 T14af 插接件的 T14af/11 端子对搭铁电阻，结果小于 2 Ω 时，则线路对搭铁短路，需要维修线路；结果为无穷大时，需要连接 T46b 插接件后重新测量。

（2）连接 J519 的 T46b 插接件，测量左侧远光灯的 T14af/11 端子对搭接电阻，结果小于 2 Ω 时，则 J519 内部对搭铁短路，需要连接左侧远光灯 T14af/11 插接件，重新测量；结果为大阻值时，则需要维修线路。

（3）连接左侧远光灯 T14af 插接件，测量左侧远光灯的 T14af/11 端子对搭铁电阻，结果小于 2 Ω 时，则左侧远光灯内部对搭铁短路，需要更换总成；结果为大阻值时，则 J519 故障，需要更换 J519。

5. 检查左侧远光灯电源负极

在任何工况条件下，测量 T14af/5 端子对搭铁电压，结果为 +B 时，则搭铁线路断路，结果为 0.1 ～ +B 时，则铁线路虚接，均需要维修线路；结果为 0 时，则在灯光工作异常时考虑左侧远光灯的 LED 或卤素灯泡故障，需要更换总成或卤素灯泡。

迈腾 B8 车灯变光开关

实物图	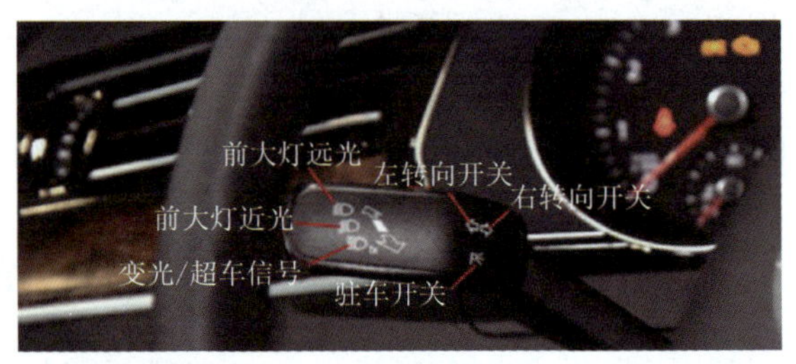
工作原理	• 灯光旋转开关旋至近光灯位置时，变光开关向下按动。开关内部接通远光灯控制触点，随即 J527 接收到远光灯开启的模拟信号。J527 将这个模拟信号转换为数字信号，通过舒适系统 CAN 总线将数据发给车载电网控制单元 J519 和组合仪表板控制单元 J285。 • 任何时候变光开关被向上拉动时。开关内部接通超车灯控制触点，随即 J527 接收到超车灯开启的模拟信号，控制单元 J527 将这个模拟信号转换为数字信号，通过舒适系统 CAN 总线将数据发给车载电网控制单元 J519 和组合仪表板控制单元 J285

任务测评

一、知识测评

确定本任务关键词,按重要程度进行关键词排序并举例解读,然后根据自己对重要信息捕捉、排序、表达、创新和划分权重能力进行自评，满分 100 分，如表 4-2-2 所示。

表 4-2-2　排除远光灯异常故障知识测评表

序号	关键词	举例解读	评分自定
1			
2			
3			
4			
5			
6			
总分			

二、能力测评

对表 4-2-3 所列作业内容，操作规范即得分，操作错误或未操作即零分。

表 4-2-3　排除远光灯异常故障能力测评表

序号	技能点	配分	得分
1	正确记录故障现象	20	
2	进行初步分析	20	
3	制订远光灯灯维修计划	20	
4	按照计划进行检测	20	
5	正确记录数据并排故	20	
总分		100	

三、素养测评

对表 4-2-4 所列素养点，做到即得分，未做到即零分。

表 4-2-4　排除远光灯异常故障素养测评表

序号	素养点	配分	得分
1	安全作业，无安全隐患	20	
2	保护环境，无乱扔乱倒	20	
3	规范标准，无野蛮操作	20	
4	团队协作，无不洽关系	20	
5	场地 5S	20	
总分		100	

四、拓展训练

（1）请列举出在排除远光灯异常故障的过程中易出现的问题，分析产生问题的原因并制定解决问题的措施。（满分 25 分）

（2）2018 款迈腾 B8 1.8 T 车型的汽车，右侧远光灯异常，请通过测量确定导致该现象的原因。制定检修流程并进行检修。（满分 25 分）

（3）请按下列思维导图格式（见图 4-2-5），对排除远光灯异常故障的学习收获进行总结，搜集 2 个远光灯的故障现象，自己找 3 个同学组成一个小组，推选一个组长，运用讨论的方式，用流程图分析可能原因，体会分析过程合作的重要作用，并写成 500 字的一篇案例。（满分 50 分）

图 4-2-5　思维导图

学习笔记

任务三　排除近光灯异常故障

职业行动

步骤一：检查故障车辆

2018 款迈腾配备 1.8 T 发动机 7 挡双离合变速箱(ODE)的汽车，打开点火开关至 ON 挡，旋转开关至近光灯挡，右侧近光灯不亮，拨动变光开关，远光灯正常点亮，仪表板无外部灯光故障提示。

步骤二：作业准备

1. 作业场地

选择环保且带有消防设施的作业场地（包含车辆迈腾 B8）。

2. 工量辅具（见表 4-3-1）

表 4-3-1　工量辅具

套筒扳手组合套具	扭力扳手	万用表
故障诊断仪	示波器	汽车测试线

3. 耗材

车辆维修需要更换的零件，如熔丝、继电器、灯泡或开关等。

职业知识

迈腾 B8 近光灯

结构图	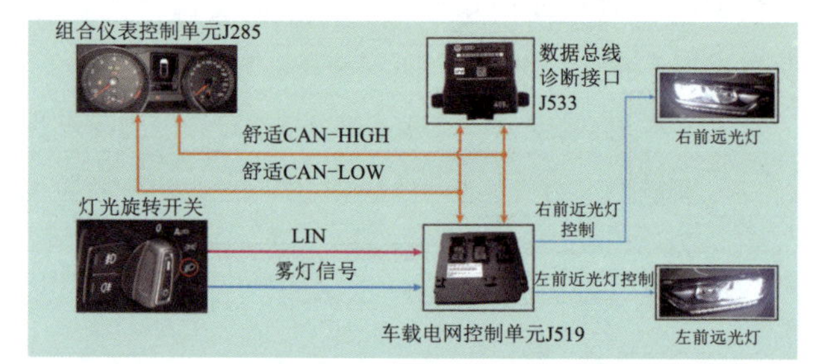
组成	近光灯控制系统通过车载电网控制单元集中控制，系统包含以下元器件： • 灯光旋转开关。 • 左前照灯总成。 • 右前照灯总成。 • 数据总线诊断接口 J533。 • 组合仪表板控制单元 J285。 • 车载电网控制单元 J519
工作过程	• 接收近光灯开启信号。将灯光旋转开关旋至近光灯位置时，灯光旋转开关模块接收到近光灯开启信号。 • 转换信号并发向车载电网控制单元。模块将接收到的模拟电压信号转换为数字信号，通过开关 LIN 数据线将此信号发送至车载电网控制单元 J519。 • 点亮近光灯。控制单元 J519 接收到此信号后，分别接通左前、右前近光灯控制信号，所有近光灯点亮

视频

4-5 前照灯电路原理

复杂的事情要简单做，简单的事情要认真做。

学习笔记

步骤三：确认故障现象

1. 将点火开关置于 ON 位置，观察仪表板显示

仪表板显示异常则结合电路、维修手册先排除仪表板显示异常故障。

2. 打开点火开关至 ON 挡，观察前照灯，观察仪表板

如果前照灯亮起，则说明车载电网控制单元 J519 在自检过程中没有接收到灯光旋转开关模块的信息，所以将会采取保护措施点亮近光灯。这就需要对灯光旋转开关模块的电源、开关、LIN 总线以及插接件进行检测和检查，如图 4-3-1 所示。

图 4-3-1　点火开关开启仪表板异常

图 4-3-2　近光灯开启

3. 旋转灯光开关至近光灯位置，观察前部左、右近光灯（见图 4-3-2）

如果左、右近光灯全部显示异常，则可能存在以下故障：

（1）灯光旋转开关本身、供电及线路损坏。

（2）车载电网控制单元 J519 本身、供电及线路损坏。

如果只是某一侧近光灯显示异常，则可能存在以下故障：

（1）车载电网控制单元 J519 某前近光灯控制故障。

（2）车载电网控制单元 J519 至某前近光灯控制信号线路故障。

（3）某前照灯中 LED 故障。

（4）某前照灯搭铁及线路故障。

（5）插接件故障。

4. 观察仪表板提示灯光系统故障

如果仪表板提示灯光系统故障，则根据仪表板提示进行检查和维修。

迈腾 B8 近光灯电路图

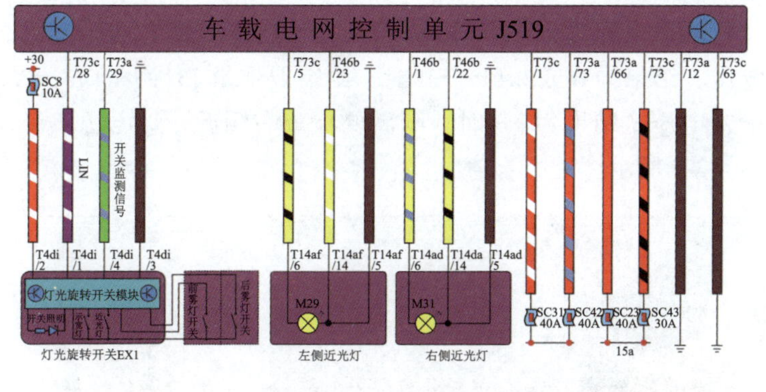

迈腾 B8 近光灯故障

从近光灯控制电路图可以看出，系统为了更好地监测和控制左、右侧近光灯泡的开启和关闭，左、右侧近光灯电源均由车载电网控制单元 J519 提供并控制，左侧近光灯 M29 的工作是由 J519 通过其 T73c/5 端子与左侧近光灯 T14af/6 之间的线路提供正极电源，再通过端子 T14af/5 搭铁构成回路，点亮左侧近光灯 M29。左侧近光灯点亮异常的常见故障如下：

- M29 的 LED 成卤素灯灯泡损坏。
- M29 的供电线路断路。
- M29 的供电线路虚接。
- M29 的供电线路对搭铁短路。
- 车载电网控制单元 J519 局部损坏（近光灯控制）

学习笔记

步骤四：检查近光灯控制电路

1. 测量左侧近光灯 T14af/6 端子对搭铁电压

打开点火开关，将灯光旋转开关 E1 转至近光灯位置，测量端子电压，结果为 0 或 0.1 ～ +B 时，则需要测量 J519 的 T73c/5 端对搭铁电压；结果为 +B 时，则需要检查右侧近光灯电源负极，如图 4-3-4 所示。

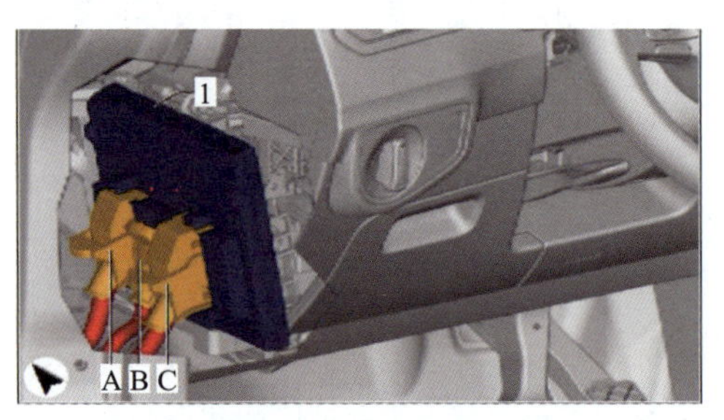

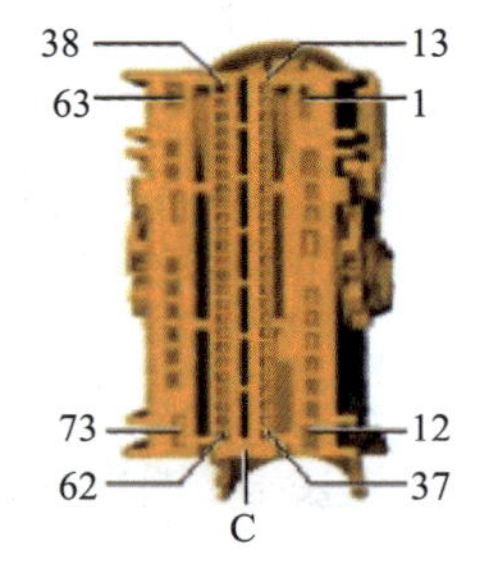

图 4-3-3　车载电网控制单元 J519 及 73 芯插头连接 T73c

左图中 1—车载电网控制单元 ABC 插头；右图—C 插头引脚顺序

2. 测量 J519 的 T73c/5 端对搭铁电压

打开点火开关，将灯光旋转开关 E1 旋转至近光灯位置，测量端子对搭铁电压，结果为 0 时，则 J519 局部故障或 T46/1 与 T14ad/6 间线路对搭铁短路，J519 基于过流保护中断电源供给，则需测量右侧近光灯 T14ad/6 线路对搭铁电阻；结果为 0.1 ～ +B 时，则 J519 局部故障，需要更换 J519；结果为 +B 时，则 T73c/5 与 T14af/6 间线路断路或虚接，需要检查线路导通性。

3. 检查 J519 的 T73c/5 与右侧近光灯 T14af/6 间线路的导通性

关闭点火开关，拔下左侧近光灯和 J519 插接器，测量导线端对端电阻，结果大于 2 Ω 或无穷大时，则 T73c/5 与 T14ad/6 间线路异常，需要检修线路；结果小于 2 Ω 时，则线束插接器故障，需要检修插接器。

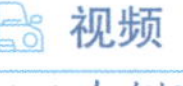

视频

4-6 左侧近光灯故障检修

迈腾 B8 近光灯电路排故流程

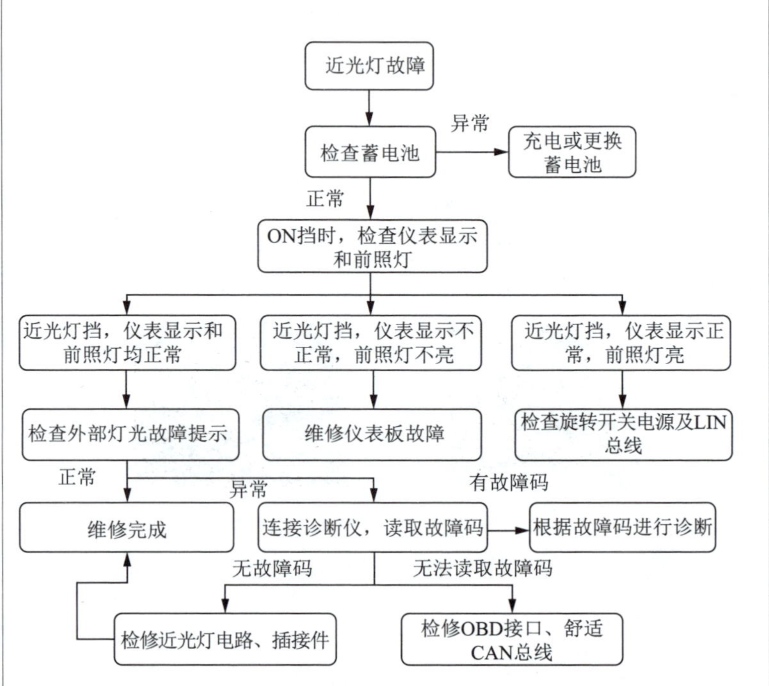

- 在近光灯故障中，如果外部灯光异常，车载电网控制单元会产生一个相应的故障码，通过舒适 CAN 总线，最终体现在仪表板上，如果这一部分出现故障，将会造成近光灯状态异常，而车载电网控制单元可能检测不出这些故障，不会产生故障码，在没有故障码时，需要维修人员结合故障现象，分析系统原理图，列举故障可能，对元件和模块的供电电源、搭铁、信号进行测量，才能排除故障

复杂的事情要简单做，简单的事情要认真做。

4. 测量右侧近光灯 T14ad/6 线路对搭铁电阻

（1）关闭点火开关，断开右侧近光灯 T14ad 与控制单元 J519 的 T14af/6 端子对搭铁电阻，结果小于 2 Ω 时，则线路对搭铁短路，需要检修线路；结果为无穷大时，则连接 T14ad 插接件，重新测量。

（2）连接 T14ad 插接件，测量 T14ad 插接件端 T14af/6 端子对搭铁电阻，结果小于 2 Ω 时，则灯牌或 LED 损坏，需要连接 T46b 插接件，重新测量；结果为大阻值时，则需要维修线路，如图 4-3-5 所示。

（3）连接 T46b 插接件，测量 T14ad 插接件端 T14af/6 端子对搭铁电阻，结果小于 2 Ω 时，则 J519 内部对搭铁短路，需更换 J519；结果为大阻值时，同样需要更换 J519。

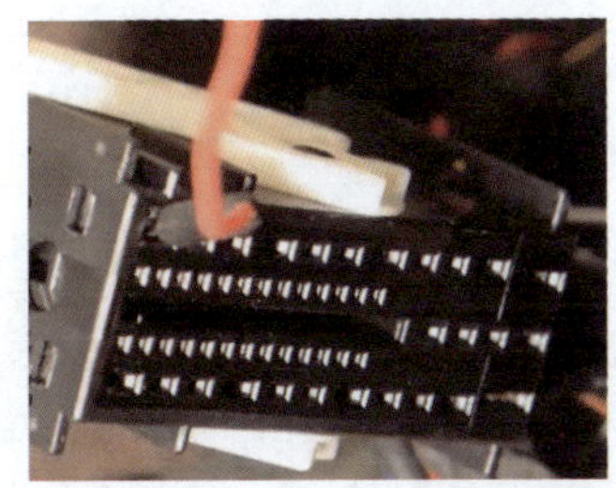

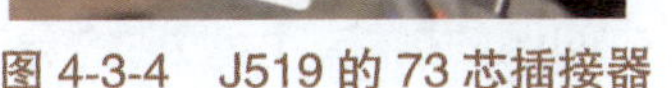
图 4-3-4　J519 的 73 芯插接器

图 4-3-5　左侧近光灯插接器

5. 检查右侧近光灯电源负极

T14af/5 为左侧近光灯提供电源主搭铁。如果搭铁线路不正常，则可能致使左侧近光灯电源功率不足，使左侧灯光暗淡或无法点亮。

在任何工况条件下，测量 T4af/5 端子对搭铁电压，结果为 0.1 ～ +B 时，则搭铁线路虚接，需要检修线路；结果为 +B 时，则搭铁线路断路，需要检修线路；结果为 0 时，则在灯光工作异常时考虑右侧远光灯的 LED 或卤素灯泡故障，需更换总成或卤素灯泡。

迈腾 B8 近光灯 LED 单元

主要部件

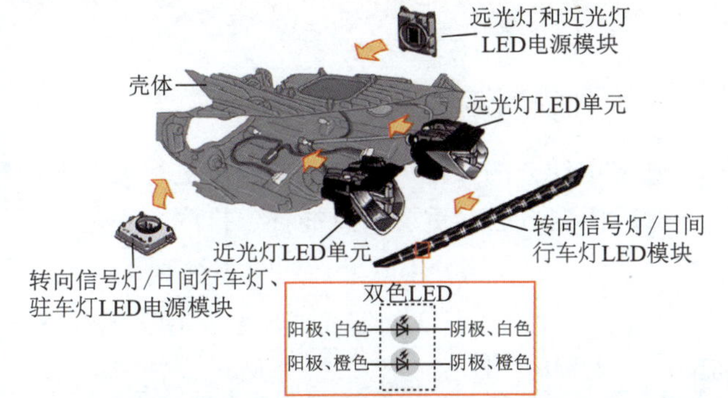

电路连接

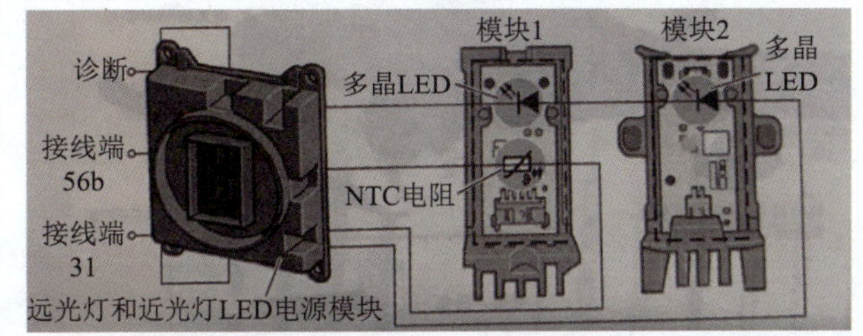

- 供电电源。LED 模块 1 和模块 2 各配有一个多晶 LED 发光单元，由 4 个紧密排列的 LED 组成。从迈腾 B8 近光灯电路连接图上可以看出，两个多晶 LED 发光单元串联接通，由近光灯和远光灯 LED 电源模块供电。LED 电源模块接收开启 / 关闭命令，直接从车载电网控制单元 J519 为照明系统供电灯具监控装置同样承担了近光灯和远光灯 LED 电源模块的任务，同时通过诊断导线将信息传递给车载电网控制单元 J519。
- NTC 电阻监控 LED 温度。在 LED 模块 1 上安装有一个起到温度传感器作用的 NTC 电阻，用以监控 LED 温度并相应减少电流供应

学习笔记

学习笔记

任务测评

一、知识测评

确定本任务的关键词，按重要程度进行关键词排序并举例解读，然后根据自己对重要信息捕捉、排序、表达、创新和划分权重能力进行自评，满分 100 分，如图 4-3-2 所示。

表 4-3-2　排除近光灯异常故障知识测评表

序号	关键词	举例解读	评分自定
1			
2			
3			
4			
5			
6			
总分			

二、能力测评

对表 4-3-3 所列作业内容，操作规范即得分，操作错误或未操作即零分。

表 4-3-3　排除近光灯异常故障能力测评表

序号	技能点	配分	得分
1	正确记录故障现象	20	
2	进行初步分析	20	
3	制订近光灯灯维修计划	20	
4	按照计划进行检测	20	
5	正确记录数据并排故	20	
总分		100	

三、素养测评

对表 4-3-4 所列素养点，做到即得分，未做到即零分。

表 4-3-4　排除近光灯异常故障素养测评表

序号	素养点	配分	得分
1	安全作业，无安全隐患	20	
2	保护环境，无乱扔乱倒	20	
3	规范标准，无野蛮操作	20	
4	团队协作，无不洽关系	20	
5	场地 5S	20	
总分		100	

四、拓展训练

（1）请列举出在排除近光灯异常故障的过程中易出现的问题，分析产生问题的原因并制订解决问题的措施。（满分 25 分）

（2）2018 款迈腾 B8 1.8 T 车型的汽车，右侧近光灯异常，请通过测量确定导致该现象的原因。制订检修流程并进行检修。（满分 25 分）

（3）请按下列思维导图格式（见图 4-3-6），对排除近光灯异常故障的学习收获进行总结，搜集 2 个近光灯的故障现象，自己找 2 个同学组成一个小组，自命为组长，运用讨论的方式，用故障树分析可能的原因，并写成 500 字的一篇案例。（满分 25 分）

图 4-3-6　思维导图

复杂的事情要简单做，简单的事情要认真做。

任务四　排除示宽灯故障

职业行动

步骤一：检查故障车辆

2018 款迈腾配备 1.8 T 发动机 7 挡双离合变速箱（ODE）的汽车，打开点火开关至 ON 挡，旋转开关至示宽灯挡，右侧示宽灯不亮，仪表板显示正常但无外部灯光故障提示。

步骤二：作业准备

1. 作业场地

选择环保且带有消防设施的作业场地（包含车辆迈腾 B8）。

2. 工量辅具（见表 4-4-1）

表 4-4-1　工量辅具

套筒扳手组合套具	扭力扳手	万用表
故障诊断仪	**示波器**	**汽车测试线**

3. 耗材

车辆维修需要更换的零件，如熔丝、继电器、灯泡或开关等。

职业知识

迈腾 B8 示宽灯

<table>
<tr><td>结构</td><td colspan="2">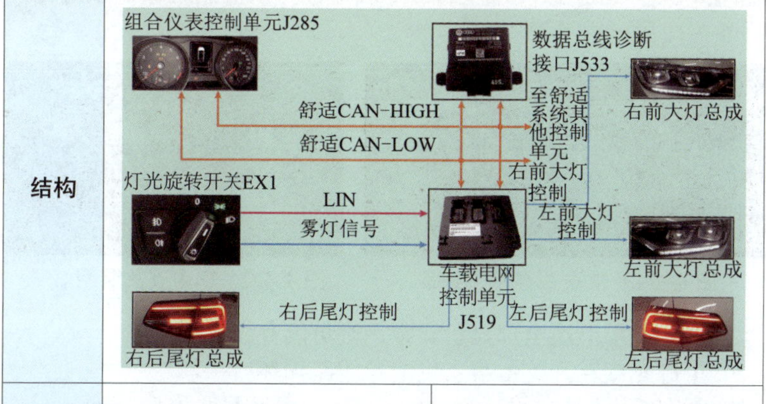
</td></tr>
<tr><td>组成</td><td>• 灯光旋转开关。
• 左、右前照灯总成。
• 左、右后尾灯总成。
• 数据总线诊断接口 J533。</td><td>• 组合仪表板控制单元 J285。
• 车载电网控制单元 J519。
• 车内各操作开关。</td></tr>
<tr><td>作用</td><td colspan="2">• 警示标志的车灯。“示”是警示的意思；“宽”有轮廓之意，所以示宽灯是来提醒其他车辆注意的示意灯。安全标准规定车高高于 3 m 的汽车必须安装示宽灯。示宽灯的颜色为前白后红。
• 适用情景。晚上在路边暂时停靠，要亮起示宽灯；在路灯很亮的道路上，作为行车照明灯，而不用开大灯；在雨天、雪天、雾天或者其他视线不良的时候，开启示宽灯，用以提醒过往的车辆</td></tr>
</table>

学习笔记

步骤三：确认故障现象

1. 将点火开关置于 ON 位置，观察仪表板显示

仪表板显示异常则结合电路、维修手册先排除仪表板显示异常故障。

2. 旋转灯光开关至示宽灯，观察仪表板上氛围灯、门窗玻璃开关、音响面板、变速杆 E313 面板、空调控制面板指示灯（见图 4-4-1、图 4-4-2）

图 4-4-1　仪表板显示（正常）

图 4-4-2　车内开关照明灯

（1）如果上述全部显示异常，则可能存在以下故障：

①灯光旋转开关本身、供电及线路损坏。

②车载电网控制单元 J519 本身、供电及线路损坏。

（2）如果上边某一项显示异常，则可能存在以下故障：

①舒适 CAN 总线线路故障。

②驱动 CAN 总线线路故障。

③信息娱乐 CAN 总线线路故障。

④ LIN 总线线路故障（局部）。

⑤对应的控制单元电源、自身故障。

⑥指示灯故障。

⑦插接件故障。

3. 观察仪表板提示灯光系统故障（见图 4-4-3）

（1）仪表板提示外部示宽灯故障：

①灯光旋转开关电源、自身以及线路正常，见图 4-4-3。

图 4-4-3　灯光故障提示

迈腾 B8 示宽灯电路

电路图	车载电网控制单元 J519 SC8 10A 左侧转向、示宽灯状态反馈　左侧驻车示宽灯控制　左前转向灯控制　左侧转向、示宽灯状态反馈　右侧驻车示宽灯控制　右前转向灯控制 LIN　冗余信号 灯光旋转开关模块　LED控制模块　LED控制模块 灯光旋转开关EX1　左前大灯　右前大灯
工作过程	• 发送灯光开启信号。将灯光开关旋至示宽灯时，灯光开关模块接收到示宽灯开启信号。通过开关 LIN 数据线将此信号发送至车载电网控制单元 J519。 • 信号传输路径。J519 将此信号通过舒适 CAN 总线发送至组合仪表板控制单元 J285、左侧车门控制单元 J386、右侧车门控制单元 J387、空调控制单元 J255。 • 控制单元接通开关或面板上的照明灯。J386、J387 通过各自的 LIN 总线分别将示宽灯开启信号传至 J388、J389。后门控制单元分别接通各自开关上的照明指示灯。 • 仪表板显示示宽灯状态。J519 将信号通过舒适 CAN 总线发送至数据总线诊断接口 J533。J533 将数据处理后，通过娱乐 CAN 发送至前部信息系统显示和操纵控制单元 J685，J685 点亮面板上的照明灯。J519 将信号通过舒适 CAN 发送至 J533。 • 点亮仪表板照明灯。J533 将数据处理后，通过驱动 CAN 总线发送至变速杆 E313 控制单元。E313 控制单元点亮面板上的照明灯 注意：以上表述中关于舒适安全（J386、J387）、空调控制单元（J255）、操纵控制单元（J685）及诊断接口（J533）处无须检测。

伟大出于平凡。

（2）车载电网控制单元 J519 供电电源、自身（检测功能）正常。

①车载电网控制单元 J519 至示宽灯信号线故障。

②前照灯、后尾灯中的 LED 故障。

③前照灯、后尾灯搭铁及线路故障。

④插接件故障。

4. 观察前照灯总成左、右示宽灯（见图 4-4-4）

（1）示宽灯（包含后部）全部不亮，则可能存在以下故障：

①灯光旋转开关本身、供电及线路损坏。

②车载电网控制单元 J519 供电、自身故障。

③车载电网控制单元 J519 至前部左、右示宽灯控制线路故障。

④前部左、右示宽灯有搭铁或线路故障。

⑤前部 LED 故障。

⑥插接件故障。

图 4-4-4　示宽灯点亮（正常）

（2）如果一侧不亮，则可能存在以下故障：

①车载电网控制单元 J519 前部一侧示宽灯控制输出故障。

②车载电网控制单元 519 至前部一侧示宽灯控制线路故障。

③前部一侧示宽灯 LED 故障。

④前部一侧示宽灯搭铁、线路故障。

⑤插接件故障。

迈腾 B8 示宽灯电路排故流程

- 右侧示宽灯异常
- → 检查蓄电池
  - 异常 → 给蓄电池充电或更换蓄电池
  - 正常 → ON挡时，仪表板应正常显示，示宽灯不亮
    - 正常 → 示宽挡时，检查仪表板、车内开关、空调面板、音响面板、变速杆E313面板等指示灯
      - 指示灯异常 → 检修指示灯故障
      - 正常 → 检查外部灯光故障提示
        - 有提示 → 按提示检修
        - 无提示 → 连接诊断仪，读取故障码
          - → 按故障码检修
          - → 检查插接件及示宽灯线路
          - → 检修OBD-Ⅱ且诊断接口及相关电路，舒适CAN总线（→ 返回 连接诊断仪，读取故障码）
    - 仪表显示异常 → 排除仪表板故障
    - 前照灯点亮 → 检修灯光旋转开关电源、LIN总线线路

• 在示宽灯故障中，如果外部灯光异常，车载电网控制单元会产生一个相应的故障码，通过舒适 CAN 总线，最终体现在仪表板上。如果这一部分出现故障，将会造成示宽灯状态异常

学习笔记

步骤四：检查前部示宽灯控制电路

1. 测量右前示宽灯 T14ad/10 端子对搭铁电压

打开点火开关，将灯光旋转开关 E1 转至示宽灯位置，测量端子对搭铁电压，结果为 0 或 0.1 ～ +B 时，则需要测量 J519 端对搭铁电压；结果为 +B 时，则检查右前示宽灯电源负极。

2. 测量 J519 的 T46b/21 端对搭铁电压

打开点火开关，将灯光能转开关 E1 旋转至示宽灯位置，测量端子对搭铁电压，结果为 0 时，则 J519 局部故障或 T46b/21 与 T14ad/10 间线路对搭铁短路，J519 基于过流保护中断电源供给，需要检测右前示宽灯 T14ad/10 线路对搭铁电阻；结果为 0.1 ～ +B 时，则 J519 局部故障，需要更换 J519；结果为 +B 时，则 T46b/21 与 T14d/10 间线路断路或虚接，需要检查线路导通性。

3. 检查 J519 的 T46b/21 与右侧近光灯 T14ad/10 间线路的导通性

关闭点火开关，拔下左侧近光灯和 J519 插接器，测量导线端对端电阻，结果为无穷大或大于 2 Ω 时，则 T73a/65 与 T8bh/4 间线路断路或虚接，需要检修线路；结果小于 2 Ω 时，则线束插接器故障，需要检修插接器。

4. 检测右前示宽灯 T14ad/10 线路对搭铁电阻

（1）关闭点火开关，断开右前示宽灯 T14ad 与控制单元 J519 的 T46b 插接件，测量 T14ad/10 端子以及线路对搭铁电阻，测量 T14ad 插接件端的 T14a/10 端子对搭铁电阻，结果小于 2 Ω 时，则线路对搭铁短路，需要维修线路；结果为无穷大时，则连接 T14ad 插接件，重新测量。

（2）连接 T14ad 插接件，测量 T14ad 插接件端 T14ad/10 端子对搭铁电阻，结果为无穷大时，则 LED 损坏，需更换总成；结果为 73 Ω 时，需要连接 T46b 插接件，重新测量。

（3）连接 T46b 插接件，测量 T14ad 插接件端 T14af/10 端子对搭铁电阻，结果小于 2 Ω 时，则 J519 内部对搭铁短路，需要更换 J519；结果为大阻值时，维修结束。

迈腾 B8 前部示宽灯控制电路故障

右前示宽灯 M3 的控制由 J519 通过其 T46b/21 端子与右前 T14ad/10 之间的线路给 M3 提供电源，再通过右前端子 T14ad/7 端子搭铁构成回路，点亮右前示宽灯 M3。右前示宽灯点亮异常的常见故障如下：

- M3 的 LED 或卤素灯灯泡损坏。
- M3 的供电线路断路。
- M3 的供电线路虚接。
- M3 的供电线路对搭铁短路。
- 车载电网控制单元 1519 局部损坏（示宽灯控制）

迈腾 B8 灯光旋转开关

<table>
<tr><td>实物图</td><td>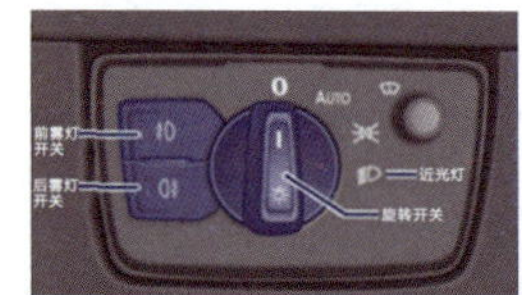

</td></tr>
<tr><td>组成</td><td>灯光旋转开关旋至示宽灯位置时，灯光旋转开关模块接收到示宽灯开启信号，模块将接收到的模拟电压信号转换为数字信号，通过开关 LIN 数据线将此信号发送至车载电网控制单元 J519。控制开关由以下部分组成：
• 示宽灯开关。
• 前、后雾灯开关。
• 近光灯开关。
灯光旋转开关端子线路出现故障，将导致示宽灯、近光灯点亮迟钝，同时前后雾灯无法点亮，控制单元 J519 检测到故障信号后，会在仪表板上提示“故障：车辆照明”，灯光旋转开关出现故障时，示宽灯、近光灯、前后雾灯都会出现故障，共有故障统一排除</td></tr>
</table>

伟大出于平凡。

学习笔记

5. 检查右前示宽灯电源负极

在任何工况条件下，测量 T4af/5 端子对搭铁电压，结果 +B 或 0.1 → +B 时，则搭铁线路断路或虚接，需要检修线路；结果为 0 时，如果灯光工作异常时考虑右前示宽的 LED 或卤素灯泡故障，则更换总成。

步骤五：检查后部示宽灯的控制

1. 测量右后示宽灯 M2 的 T8bh/4 端子对搭铁电压

打开点火开关，将灯光旋转开关 E1 能转至示宽灯位置，测量端子对搭铁电压，结果为 +B 时，则正常，检修右后示宽灯 M2 电源负极后结束维修。其余结果均为异常，需要测量 J519 的 T73a/65 端对搭铁电压

2. 测量 J519 的 T73a/65 端对搭铁电压

打开点火开关，旋转灯光开关至示宽灯位置，测量端子对搭铁电压，结果为 +B 时，需要检查右后示宽灯电源负极；其余结果均为异常，则需要检修右后示宽灯的 T8bh/4 线路对搭铁电阻或更换 J519。

3. 检查 J519 的 T73a/65 与右侧近光灯 T8bh/4 间线路的导通性

关闭点火开关，拔下左侧近光灯和 J519 插接器，测量导线端对端电阻，结果小于 2 Ω 时，则插接器故障，需要检修插接器；其余结果均异常，则线路断路或虚接，需要检修线路。

4. 检测右后示宽灯 M2 的 T8bh/4 线路对搭铁电阻

关闭点火开关，断开右后示宽灯 T8bh 与控制单元 J519 的 T73c 插接件，测量 T8bh/4 端子以及线路对搭铁电阻，结果为无穷大时，则分别连接 T8b 插接件、连接 J519 的 T73c，重新测量，测量结果判断同前部示宽灯检查异常则维修线路。

5. 检查右后示宽灯 M2 电源负极

在任何工况下，测量 T8bh/3 端子对搭铁电压，结果为 0 时，若灯光工作异常，则更换总成，其余结果均异常，为线路故障，需要检修线路。

测量导线导通性技术要求

首先需要使用万用表分别测量接线端的两端搭铁电压，当电压出现异常时，需要对该段导线进行开路测试，断开接线端，取下导线，先使用万用表蜂鸣档测量导线是否断路，然后再调至欧姆挡测量电阻，以确定导线断开或是虚接。在汽车电路中，有些导线难以取下，则断开电源和搭铁测量电阻。

迈腾 B8 后部示宽灯控制电路故障

<table>
<tr><td>电路图</td><td>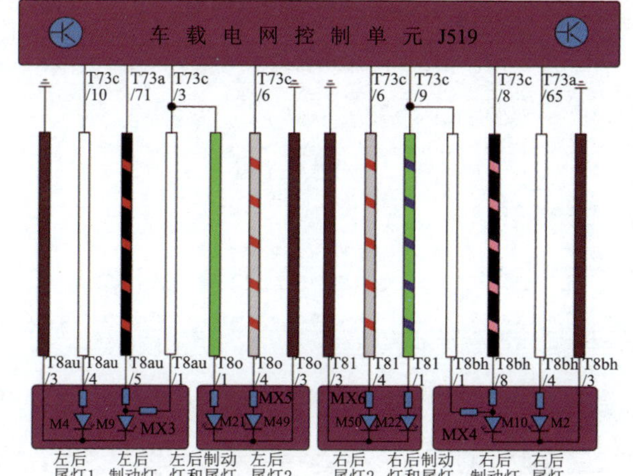
</td></tr>
<tr><td>故障分析</td><td>T8bh/4 为右后示宽灯提供电源主搭铁。若搭铁线路异常，可能使右侧示宽灯 M2 的 LED 或卤素灯泡电源功率不足，导致右侧灯光暗淡或无法点亮，右后侧示宽灯 M2 控制由 T73a/65 端子输出，至右后侧 T8bh/4，给右后侧示宽灯 M2 提供电源，M2 通过 T8bh/ 端子搭铁构成回路，点亮右后示宽灯 M2。常见故障如下：
• M3 的 LED 或卤素灯灯泡损坏。
• M3 的供电线路断路。
• M3 的供电线路虚接。
• M3 的供电线路对搭铁短路。
• 车载电网控制单元 J519 局部损坏（示宽灯控制）</td></tr>
</table>

学习笔记

任务测评

一、知识测评

确定本任务关键词，按重要程度进行关键词排序并举例解读，然后根据自己对重要信息捕捉、排序、表达、创新和划分权重能力进行自评，满分 100 分，如表 4-4-2 所示。

表 4-4-2　排除示宽灯异常故障知识测评表

序号	关键词	举例解读	评分自定
1			
2			
3			
4			
5			
6			
总分			

二、能力测评

对表 4-4-3 所列作业内容，操作规范即得分，操作错误或未操作即零分。

表 4-4-3　排除近光灯异常故障能力测评表

序号	技能点	配分	得分
1	正确记录故障现象	20	
2	进行初步分析	20	
3	制订示宽灯维修计划	20	
4	按照计划进行检测	20	
5	正确记录数据并排故	20	
总分		100	

三、素养测评

对表 4-4-4 所列素养点，做到即得分，未做到即零分。

表 4-4-4　排除示宽灯异常故障素养测评表

序号	素养点	配分	得分
1	安全作业，无安全隐患	20	
2	保护环境，无乱扔乱倒	20	
3	规范标准，无野蛮操作	20	
4	团队协作，无不洽关系	20	
5	场地 5S	20	
总分		100	

四、拓展训练

（1）请列举出在排除示宽光灯异常故障的过程中易出现的问题，分析产生问题的原因并制订解决问题的措施。（满分 25 分）

（2）2018 款迈腾 B8 1.8T 车型的汽车，左侧示宽灯异常，请通过测量确定导致该现象的原因，制订检修流程并进行检修。（满分 25 分）

（3）请按下列思维导图格式（见图 4-4-5），对排除示宽灯异常故障的学习收获进行总结，同时自己组织至少 5 名同学组成一组，推选一名主持人，运用头脑风暴法对示宽灯提出改进意见，汇总梳理出最可能实现的三种可能。

百度一下，怎么做好主持人。（满分 50 分）

图 4-4-5　思维导图

伟大出于平凡。

学习笔记

任务五　排除雾灯故障

职业行动

步骤一：检查故障车辆

2018款迈腾配备1.8 T发动机7挡双离合变速箱（ODE）的汽车，打开点火开关至ON挡，旋转开关至雾灯灯挡，右侧雾灯不亮，仪表板显示正常但无外部灯光故障提示。

步骤二：作业准备

1. 作业场地

选择环保且带有消防设施的作业场地（包含车辆迈腾B8）。

2. 工量辅具（见表4-5-1）

表4-5-1　工量辅具

套筒扳手组合套具	扭力扳手	万用表
故障诊断仪	示波器	汽车测试线

3. 耗材

车辆维修需要更换的零件，如熔丝、继电器、灯泡或开关等。

职业知识

迈腾B8雾灯

<table>
<tr><td>结构</td><td colspan="2">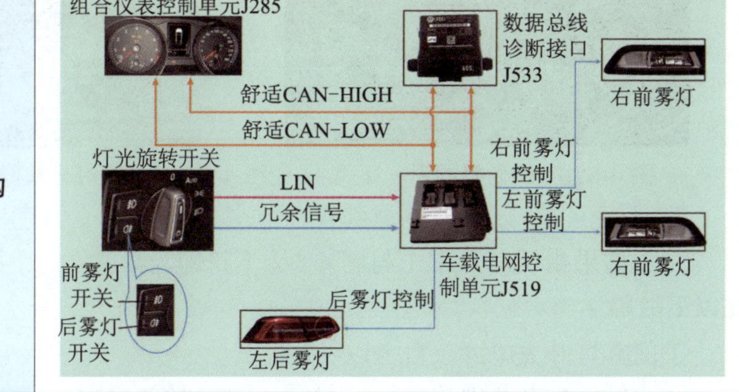
</td></tr>
<tr><td>组成</td><td>• 灯光旋转开关。
• 前雾灯开关。
• 后雾灯开关。
• 左前雾灯总成。
• 右前雾灯总成 。</td><td>• 左后尾灯总成。
• 数据总线诊断接口J533。
• 组合仪表板控制单元J285。
• 车载电网控制单元J519。</td></tr>
<tr><td>优点及作用</td><td colspan="2">• 前雾灯卤素灯泡优点。前雾灯采用卤素灯泡，又称钨卤灯泡、石英灯泡，是白炽灯的一个变种。在灯泡内注入碘或溴等卤素气体，在高温下，升华的钨丝与卤素进行化学作用，冷却后的钨会重新凝固在钨丝上，形成平衡的循环，避免钨丝过早断裂，因此卤素灯泡比白炽灯更长寿。
• 雾灯作用。汽车在雾、雪和大雨等恶劣气候条件下，或者在烟尘弥漫的环境中行驶时，为了照亮前方道路，保障行车安全而必须采用前雾灯照明</td></tr>
</table>

视频

4-7 雾灯电路检测

空谈误国，实干兴邦。

学习笔记

步骤三：确认故障现象

1. 将点火开关置于 ON 位置，观察仪表板显示（见图 4-5-1）

仪表板显示异常（如所有状态指示灯、转速表、车速表、提示信息等），就需要先排除仪表板显示异常的故障，如图 4-5-2 所示。

图 4-5-1 仪表板显示（正常）

图 4-5-2 外部灯光故障提示

2. 开启前雾灯开关，观察前雾灯开关以及仪表板上开启指示灯

（1）如果指示灯异常（与图 4-5-3 不符即为异常），则可能存在以下故障：

①前雾灯开关电源、自身以及线路异常。

②旋转灯光开关雾灯信号至 J519 线路故障。

③舒适 CAN 总线故障。

④指示灯故障。

⑤插接件故障。

3. 观察仪表板上灯光系统故障提示

仪表板提示灯光系统故障，按照系统提示检修灯光系统，见图 4-5-3。

4. 观察雾灯灯光（见图 4-5-4）

图 4-5-3 前雾灯开启指示灯正常

图 4-5-4 前雾灯点亮

迈腾 B8 雾灯控制原理

原理图	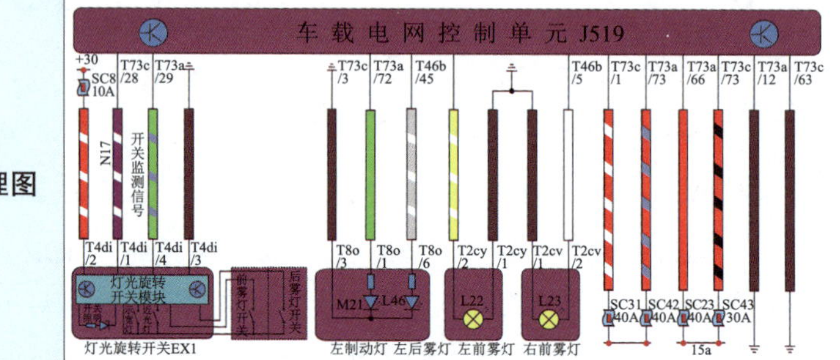
控制原理	• 灯光开关发出雾灯开启信号。将灯光旋转开关旋至示宽灯或近光灯位置时，灯光旋转开关模块接收到示宽灯或近光灯开启信号。模块将接收到的模拟电压信号转换为数字信号，通过开关模块 LIN 数据线将此信号发送至车载电网控制单元 J519。控制单元 J519 接收到此信号后，接通车外示宽灯或近光灯电路，并通过数据总线将示宽灯开启信号发送至其他控制单元。各控制单元接收此信号后开启对应的室内开关照明。 • 控制单元 J519 给前雾灯电路供电信号。按下前雾灯开关，前雾灯开关信号接通，灯光旋转开关模块接收到前雾灯开启信号。模块将接收到的模拟电压信号转换为数字信号，通过开关模块 LN 数据线将此信号发送至车载电网控制单元 J519。控制单元 J519 接收到此信号后，接通车外前雾灯电路，前雾灯点亮。 • 后雾灯点亮。再按下后雾灯开关，后雾灯开关信号接通，灯光旋转开关模块接收到后雾灯开启信号。模块将接收到的模拟电压信号转换为数字信号，通过开关模块 LIN 数据线将此信号发送至车载电网控制单元 J519。控制单元 J519 接收到此信号后，接通车外后雾灯电路，后雾灯点亮

空谈误国，实干兴邦。

（1）如果前雾灯全部不亮，则可能存在以下故障：

①前雾灯开关电源、自身及线路异常。

②车载电网控制单元 J519 至前雾灯信号线故障。

③前雾灯灯泡故障，前雾灯搭铁及线路故障。

④插接件故障。

5. 开启后雾灯开关，观察后雾灯开关及仪表板后雾灯开启指示灯（见图 4-5-5、图 4-5-6）

①后雾灯开关电源、自身及线路异常。

②旋转灯光开关雾灯信号至 J519 线路故障。

③指示灯故障。

④插接件故障。

图 4-5-5　后雾灯开启提示

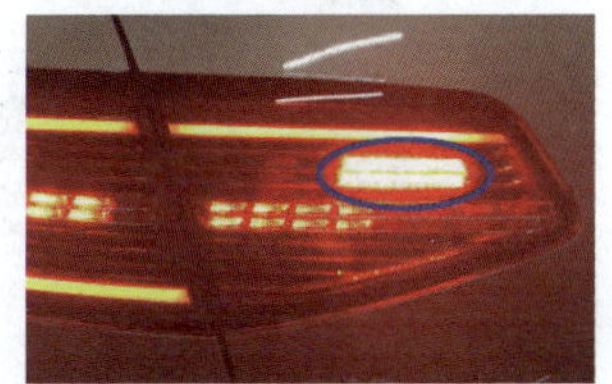

图 4-5-6　迈腾 B8 后雾灯点亮

（2）如果一侧不亮，则可能存在以下故障：

①车载电网控制单元 J519 前部一侧雾灯控制输出故障。

②车载电网控制单元 J519 至前部一侧雾灯控制线路故障。

③前部一侧雾灯灯泡故障。

④前部一侧雾灯搭铁、线路故障。

⑤插接件故障。

迈腾 B8 雾灯电路排故流程

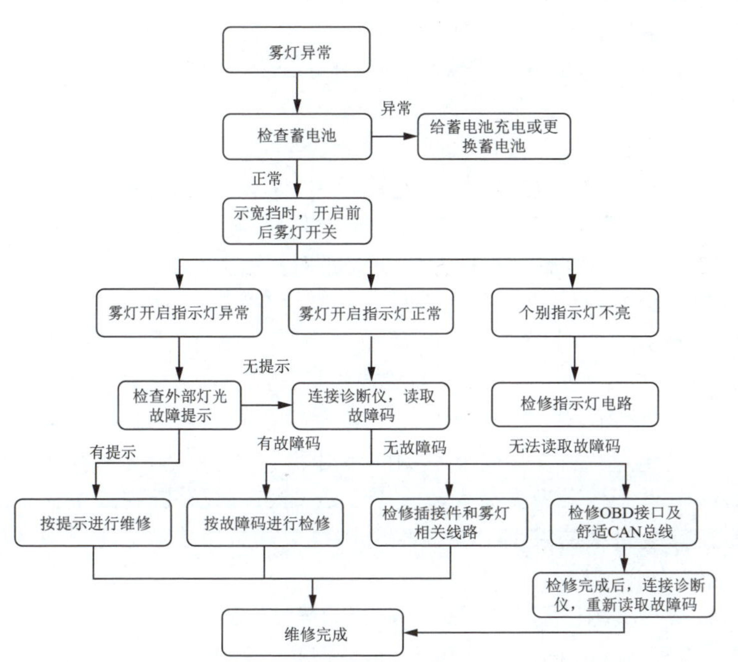

- 根据故障码提示进行维修。利用解码器读取故障码，按照本资源库中提供的针对每个故障码制定的诊断流程进行故障诊断。
- 电路及部件检测。根据系统的结构原理，对灯光旋转开关、车载电网控制单元、数据总线诊断接口、所有示宽灯等电路和元件进行检测。正确的诊断及处理应该建立在获取与故障有关信息的基础上

步骤四：检查前部雾灯控制线路

1. 测量右前雾灯 T2cv/2 端子对搭铁电压

打开点火开关，将灯光旋转开关 E1 能转至示宽灯位置，测量端子对搭铁电压，结果为 0 或 0.1 ～ +B 时，则线路断路或虚接，需测量 J519 的 T46b/5 端对搭铁电压；结果为 +B 时，则需检查右前雾灯电源负极。

2. 测量 J519 的 T46b/5 端对搭铁电压

打开点火开关，将灯光能转开关 E1 旋转至示宽灯或近光灯位置，按下前雾灯按键，测量端子对搭铁电压，结果为 0 时，则 J519 故障或 T46b/5 与 T2cv/2 间线路对搭铁短路，J519 基于过流保护中断电源供给，需要检查右前雾灯 T2cv/2 线路对搭铁电阻；结果为 0.1 ～ +B 时，则 J519 故障，需要更换 J519；结果为 +B 时，则 T46b/5 与 T2cv/2 间线路断路或虚接，需要检查线路导通性。

3. 检查 J519 的 T46b/5 与右前雾灯 T2cv/2 间线路的导通性

关闭点火开关，拔下左侧前照灯和 J519 插接器，测量导线端对端电阻，结果为无穷大或大于 2 Ω 时，则线路断路或虚接，需要检修线路；结果小于 2 Ω 时，则线束插接器故障，需要检修插接器。

4. 检测右前雾灯 T2cv/2 线路对搭铁电阻

（1）关闭点火开关，断开右前雾灯与控制单元 T46b 插接件，测量右前雾灯 T2cv/2 端子对搭铁电阻，结果小于 2 Ω 时，则线路对搭铁短路，需要维修线路；结果为无穷大时，则连接 T2cv 插接件，需重新测量电阻。

（2）连接 T2cv 插接件，测量 T2cv/2 端子对搭铁电阻，结果无穷大时，则灯泡损坏，需要更换总成；结果为 73 Ω 时，连接 T46b 插接件，重新测量电阻。

（3）连接 T46b 插接件，测量 T2cv/2 端子对搭铁电阻，结果小于 2 Ω 时，则 J519 对搭铁短路，需更换 J519；结果为大阻值时，维修结束。

迈腾 B8 前部雾灯控制电路故障	
电路原理图	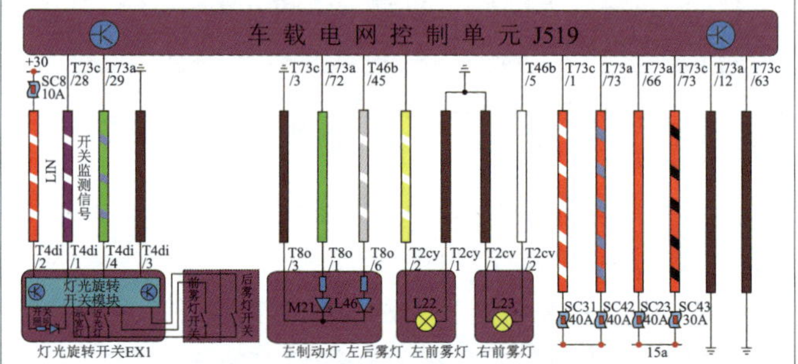
安装位置	
常见故障	打开点火开关，将灯光旋转开关 E1 开至示宽灯或近光灯位置，按下前雾灯按键，灯光旋转开关 E1 通过 LIN 数据总线向车载电网控制单元 J519 发送前雾灯开启信号。J519 的 T46b/5 端子向右前雾灯 T2cv/2 端子提供电源，再通过右前雾灯 T2cv/1 端子搭铁构成回路。点亮右前雾灯右前示宽灯点亮异常的常见故障如下： • L23 的灯泡损坏。 • L23 的供电线路断路。 • L23 的供电线路虚接。 • L23 的供电线路对搭铁短路车载电网控制单元。 • 1519 局部损坏（示宽灯控制）

空谈误国，实干兴邦。

学习笔记

5. 检查右前雾灯电源负极

T2cv/1 为右前雾灯提供电源主搭铁。若搭铁线路异常，则可能使右前雾灯的 LED 或卤素灯泡电源功率不足，导致右侧灯光暗淡或无法点亮。

在任何工况条件下，测量 T2cv/1 端子对搭铁电压，结果为 0.1 ～ +B 或 +B 时，则搭铁线路虚接或断路，需要检修线路；结果为 0 时，若果灯光工作异常，则考虑前雾灯灯泡故障，需更换灯泡。

步骤五：检查后雾灯的控制线路

1. 测量右后雾灯的 T8o/6 端子对搭铁电压

打开点火开关，将灯光旋转开关 E1 能转至示宽灯或近光灯位置，按下前雾灯按键，再按下后雾灯按键，测量端子对搭铁电压，结果应为 +B，需要检查左后雾灯电源负极；结果为 0 或 0.1 ～ +B 时，需测量 J519 的 T73a/72 端对搭铁电压。

2. 测量 J519 的 T73a/72 端对搭铁电压

打开点火开关，旋转灯光开关至示宽灯或近光灯位置，按下前雾灯，再按下后雾灯，测量端子对搭铁电压，结果为 +B 时，则 T73a/72 与 T8o/6 间线路断路或虚接，则检查线路导通性；结果为 0 时，则 J519 局部故障或 T73a/72 与 T8o/6 间线路对搭铁短路，J519 基于过流保护中断电源供给，需要检测右后雾灯 T80/6 线路对搭铁电阻；结果为 0.1 ～ +B 时，则 J519 局部故障，需要更换 J519。

3. 检查 J519 的 T73a/72 与右后雾灯 T80/6 间线路的导通性

关闭点火开关，拔下左后雾灯和 J519 插接器，测量导线端对端电阻，结果大于 2 Ω 或无穷大时，T73a/72 与 T80/6 间线路故障，需要检修线路；结果小于 2 Ω 时，则插接器故障，需要检修插接器。

4. 检测右后雾灯 T80/6 线路对搭铁电阻

（1）关闭点火开关，断开右前雾灯与控制单元 T46b 插接件，测量右后雾灯插接件端的 T80/6 端子，结果小于 2Ω 时，则线路

检修雾灯电路故障技术要求

- 电路检测。根据系统的结构原理，对灯光旋转开关、前雾灯开关、后雾灯开关、车载电网控制单元、数据总线诊断接口、左前雾灯、右前雾灯、左后雾灯等电路进行检测。
- 部件检测。根据系统的结构原理，对前雾灯开关、后雾灯开关、数据总线诊断接口、左前雾灯、右前雾灯、左后雾灯等元器件进行检测

迈腾 B8 灯光旋转开关

电路原理图	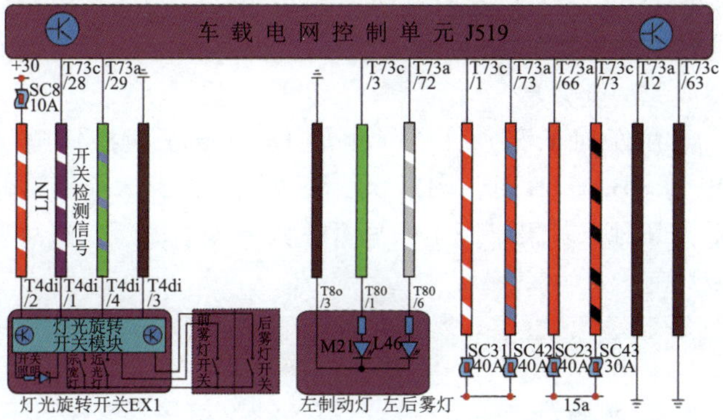
常见故障	打开点火开关，旋转灯光开关，按下前、后雾灯按键，灯光旋转开关发送前雾灯开启信号。J519 在接收到信号，J519 的 T73a/72 端子向后雾灯 T80/6 端子供电，通过后雾灯 T80/3 端子搭铁构成回路，点亮后雾灯。后雾灯异常的常见故障如下： • L46 的灯泡损坏。 • L46 的供电线路断路。 • L46 的供电线路虚接。 • L46 的供电线路对搭铁短路车载电网控制单元。 • 车载电网控制单元 J519 局部损坏（示宽灯控制）

学习笔记

对搭铁短路，需要维修线路；结果为无穷大时，则连接 T80 插接件，需要重新测量电阻。

（2）连接 T80 插接件，测量 T80/6 端子对搭铁电阻，结果无穷大时，则灯泡损坏，需要更换总成；结果为 73 Ω 时，连接 J519 的 T73c 插接件，重新测量电阻。

（3）接 J519 的 T73c 插接件，测量 T80 的 T80/6 端子对搭铁电阻，结果小于 2 Ω 时，则 J519 对搭铁短路，需要更换 J519；结果为大阻值时，维修结束。

5. 检查右后雾灯电源负极

T80/6 为右后雾灯提供电源主搭铁。若搭铁线路异常，则可能使右前雾灯的 LED 或卤素灯泡电源功率不足，导致右侧灯光暗淡或无法点亮。

在任何工况条件下，测量 T80/6 端子对搭铁电压，结果为 0.1 ～ +B 或 +B 时，则搭铁线路虚接或断路，需要检修线路；结果为 0 时，若果灯光工作异常，则考虑前雾灯灯泡故障，需要更换灯泡。

步骤六：检查灯光旋转开关电源

1. 测量灯光旋转开关 E1 的 T4di/2 端子对搭铁电压

在任何工况下，测量端子对搭铁电压，结果为 0 或 0.1 ～ +B 时，则需要测量熔丝两端对搭铁电压；结果为 +B 时，则检查开关电源负极。

2. 测量 SC8 熔丝两端对搭铁电压

在任何工况下，测量两端电压，结果均为 0 或 0.1 ～ +B 时，则熔丝供电线路故障，需要检修供电电路；结果为 0，+B 或 +B，0.1 ～ +B 时，则熔丝故障，需要更换熔丝；结果均为 +B 时，则 SC8 至 T4di/2 间线路故障，需要检查线路导通性。

3. 测量 SC8 与 T4di/2 间线路导通性

关闭点火开关，拔下 E1 插接器，测量导线端对端电阻，结果大

迈腾 B8 后部雾灯光束

为了节省电能以及增加雾灯的亮度，后雾灯警示照明采用 LED（发光二极管）模块照明的方式。尾灯中一些 LED 和 LED 段位重复用于照明功能。

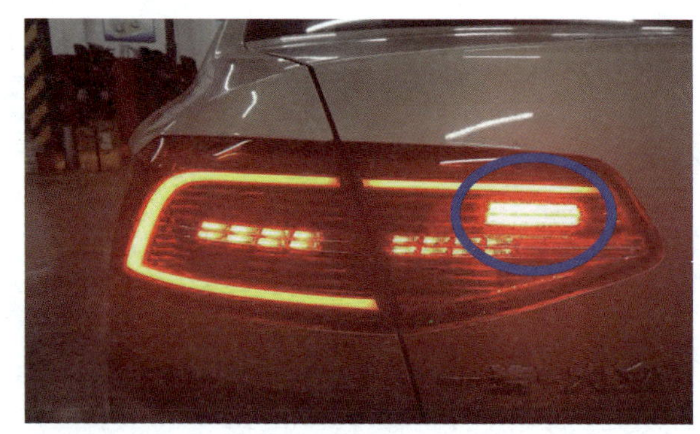

迈腾 B8 灯光旋转开关安装位置

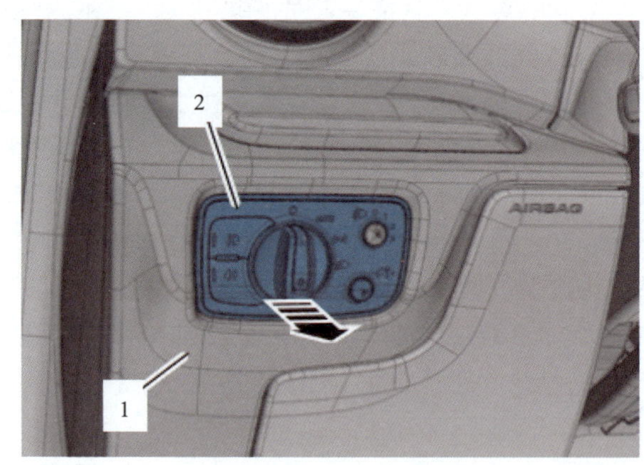

1—车身内饰板；2—灯光开关总成

空谈误国，实干兴邦。

于 2 Ω 或无穷大时，则 SC8 与 T4di/2 间线路故障，需要检修线路；结果小于 2 Ω 时，则线路插接器故障，需检修插接器。

4. 检查灯光旋转开关 E1 电源负极

测量 T4di/3 端子对搭铁电压，结果为 +B 或 0.1 ～ +B 时，则搭铁线路故障，需要检修线路；结果为 0 时，则正常，必要时需要更换开关。

5. 更换熔丝

（1）拆卸 SC8 熔丝。目测熔丝没有变形、熔断，测量熔丝两端电阻，结果小于 2 Ω 时，则正常;不小于 2 Ω 时，则更换熔丝。

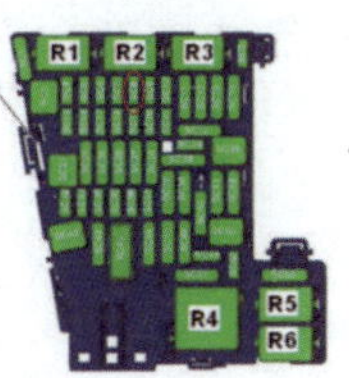

图 4-5-7　熔丝 SC8 位置

（2）测量灯光旋转开关 E1 的 T4di/2 端子对搭铁电阻。关闭点火开关，拔掉灯光旋转开关 E1 的 T4di/2 插接件，测量端子对搭铁电阻，结果小于 5 Ω 时，则线路短路，需要检修线路；结果为无穷大时，则控制单元或元器件短路，小于检查控制单元或元器件。

（3）检查控制单元或元器件对搭铁短路。连接 E1 的 T4di 插接件，测量灯光旋转开关 E1 的 T4di/2 端子对搭铁电阻，结果小于 2 Ω 或大电阻时，则 E1 内部对搭铁线路故障，需要更换开关；结果为无穷大时，需要检测其他控制单元故障；连接电控机械式驻车制动器按钮 E538 的 T12p 插接件，测量开关 E1 的 T4di/2 端子对搭铁电阻，结果小于 2 Ω 时，E538 内部对搭铁短路，需要更换 E538；结果为无穷大时，需要检测其他控制单元故障。

迈腾 B8 灯光旋转开关电源故障

电路图	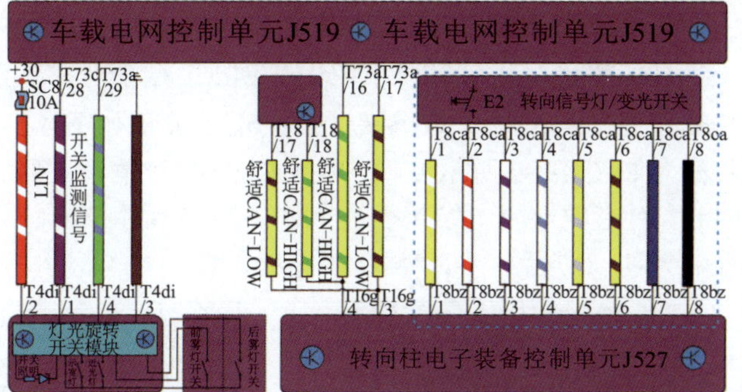
常见故障	灯光旋转开关 E 的 T4di/1 端子接线为 LIN 数据线，连接至车载电网控制单元 J519 的 T73c/28 端子。控制单元 J519 和灯光旋转开关 E 通过这个 LN 线组成的局域网，且输入和输出数据信息。灯光旋转开关 E 的 T4di/4 端子线路出现故障，将导致示宽灯、近光灯点亮迟钝，同时前、后雾灯无法点亮。控制单元 J519 通过监测此信号线路故障后，向仪表板发送故障信息，仪表板上会提示“故障：车辆照明”。灯光旋转开关 E1 电源的常见故障如下： • 熔丝 SC8 断路。 • 熔丝 SC8 供电断路。 • E1 的 T4di/2 供电线路断路。 • E1 的 T4d/2 供电线路虚接。 • E1 的 T4d/2 供电线路对搭铁短路。 • E1 的 Tdi/3 搭铁线路断路。 • E1 的 T4di/3 搭铁线路虚接。 • E1 自身损坏（内部电源线路短路）

学习笔记

步骤七：检查灯光开关 LIN 总线及状态检测信号

1. 检查灯光开关 LIN 总线

（1）测量灯光旋转开关 E1 的 T4di/1 端子对搭铁波形。打开点火开关，测量端子对搭铁波形，正常波形如图 4-5-8 所示；结果若为如图 4-5-9 所示波形，则 LIN 总线对搭铁短路，需要测量 T4di/1 对搭铁电阻；结果若为如图 4-5-10 所示波形，则 LIN 总线断路或对 +B 短路，需要测量线路导通性。

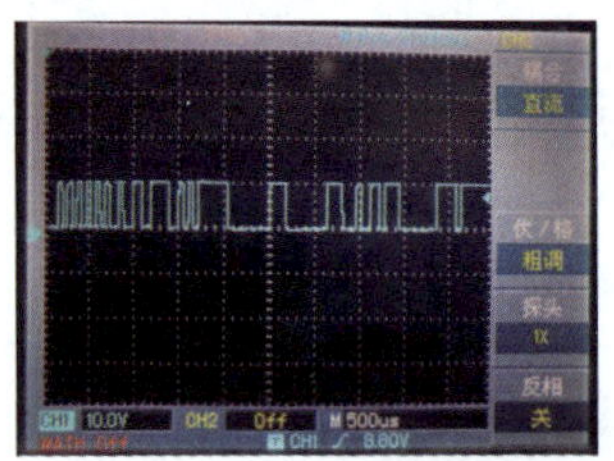

图 4-5-8　端子对搭铁正常波形

图 4-5-9　LIN 总线对搭铁短路

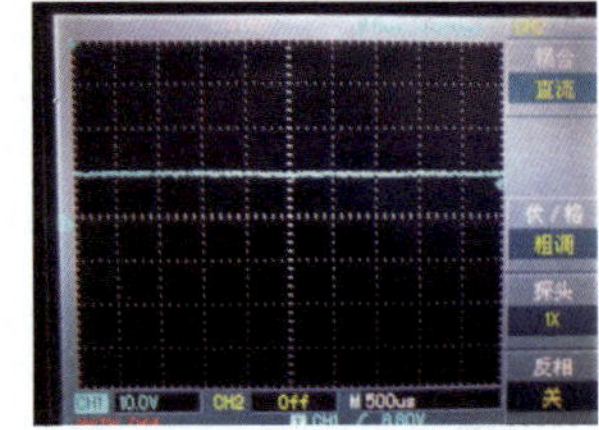

图 4-5-10　LIN 总线断路或对 +B 短路

（2）测量灯光旋转开关 E1 的 T4di/1 线路对搭铁电阻。关闭点火开关，断开灯光旋转开关的 T4di 与 J519 的 T73C 插接件，分别测量开路、连接 T4di 插接件、连接 J519 的 T73C 插接件时线路对搭铁电阻，结果小于 2 Ω 时，则线路对搭铁短路、E1 内部 LIN 线路对搭铁短路，J519 内部 LIN 线路对搭铁短路，需要更换元件或维修线路；结果为无穷大时，则正常。

视频

4-8 LIN 总线原理

视频

4-9 LIN 总线故障分析

迈腾 B8 灯光旋转开关 LIN 总线及状态监测信号故障

电路原理图	灯光旋转开关 EX1；灯光旋转开关模块；T4di/2；T4di/1；T4di/4；T4di/3；LIN；开关监测信号；SC810A；+30；T73c/28；T73a/29；车载电网控制单元 J519
开关总线常见故障	车辆灯光旋转开关状态信号是通过 LN 总线发出，并传递给车载电网控制单元 J519。灯光旋转开关 E1 的 T4di/1 端子接线为 LN 数据线，连接至车载电网控制单元 J519 的 T73c/28 端子，控制单元 J519 和灯光旋转开关 E1 通过这个 LIN 线组成的局域网，且输入和输出数据信息。即通过控制单元 J519 解析后将数据传入或传出，并且通过舒适 CAN 总线的数据总线诊断接口 J533（网关）和诊断仪通信，接收外部数据以及发送故障码和当前工作状态。常见故障如下： • LIN 数据总线断路。 • LIN 数据总线对搭铁短路。 • LIN 数据总线对 +B 短路
监测信号	灯光旋转开关 E1 的 T4di/4 端子为灯光旋转开关状态（示宽灯开启 / 关闭、近光灯开启 / 关闭状态）监测信号，连接至车载电网控制单元 J519 的 173a/29 端子。控制单元 J519 通过这个线路上的波形电压来判断灯光旋转开关所处的状态。常见故障如下： • E1 的 T4di/4 信号输出线路断路。 • E1 的 T4di/4 信号输出线路虚接。 • E1 的 T4di/4 信号输出线路对搭铁短路。 • E1 自身损坏。 • 车载电网控制单元 J519 自身损坏

空谈误国，实干兴邦。

（3）测量灯光旋转开关 E1 的 T4di/1 端子线路导通性。关闭点火开关，测量 E1 的 T4di/1 端子与 J519 的 T73c/28 端子间导线电阻，结果为无穷大时，则线路断路，需要维修线路；结果小于 2 Ω 时，则需要检修或更换相关模块。

2. 测量灯光旋转开关 E1 的 T4di/1 线路对搭铁电压

断开灯光旋转开关 E1 的 T4di/1 插接件、J519 的 T73c/28 插接件，分别测量开路、连接 T4di/1 插接件、连接 J519 的 T73c/28 插接件时 T4di/1 端子对搭铁电压，开路时结果为 0 正常，连接插接件时，结果明显小于 +B 时正常，当结果为 +B 时，则线路对电源断路、E1 内部对电源断路或 J519 内部 LIN 对电源断路，需要维修线路或更换元件。

3. 检查测量灯光旋转开关状态监测信号

（1）测量灯光旋转开关 E1 的 T4di/4 端子对搭铁波形。打开点火开关，关闭 E1，测端子对搭铁波形，正常波形如图 4-5-11 所示；打开点火开关，E1 至示宽挡，测端子对搭铁波形，正常波形如图 4-5-12 所示；打开点火开关，E1 至近光挡，测端子对搭铁波形，正常波形如图 4-5-13 所示。测量波形出现异常波形时，均为 E1 内部故障，需更换 E1。

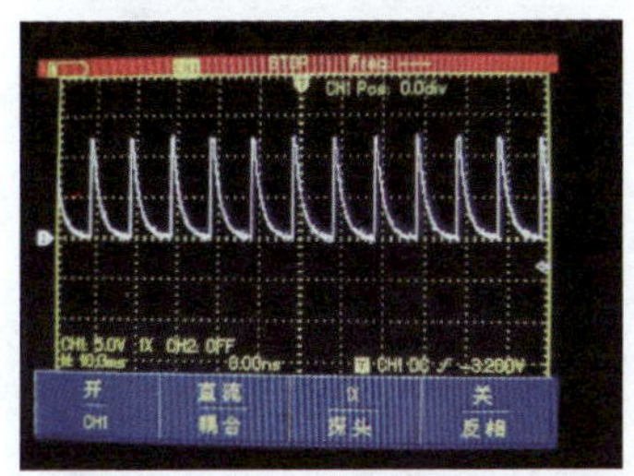

图 4-5-11 关闭 E1 端子正常波形

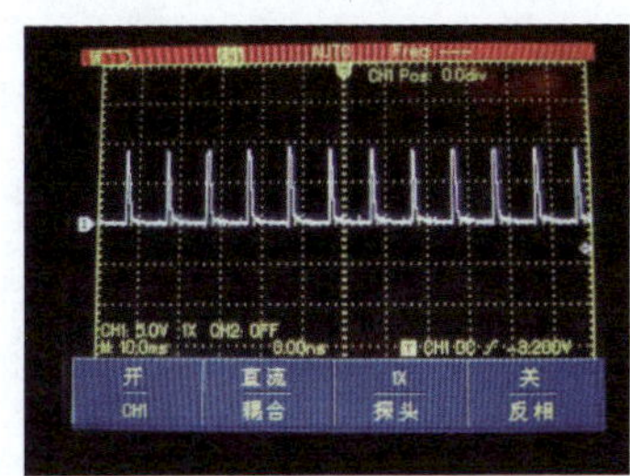

图 4-5-12 示宽挡 E1 端子正常波形

迈腾 B8 灯光旋转开关 LIN 总线及状态监测信号异常排故流程

灯光旋转开关异常
检查开关供电端子对搭铁电压
正常
异常
检查供电熔丝
开关故障
维修或更换开关
供电端异常
正常
导线端异常
维修线路或更换元件
检查线路导通性
异常
检查开关LIN总线波形
正常
异常
正常
维修线路
维修完成
检查状态检测信号
检修状态检测信号发出端
检修状态检测信号接收端
检修状态检测信号线路导通性
检修状态检测信号相关元件
维修完成

检查迈腾 B8 灯光旋转开关故障技术要求

- 灯光旋转开关 E1 电源包含正极电源和负极电源，检测没有顺序要求。
- 灯光旋转开关电源在任何情况下都为 +B

学习笔记

空谈误国，实干兴邦。

学习笔记

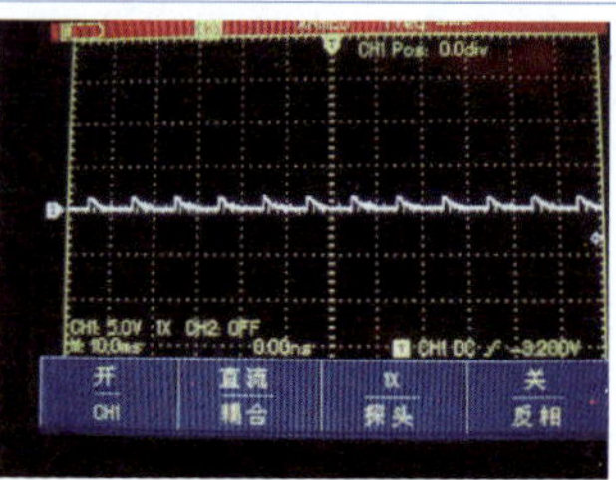

图 4-5-13 （近光挡）E1 端子正常波形

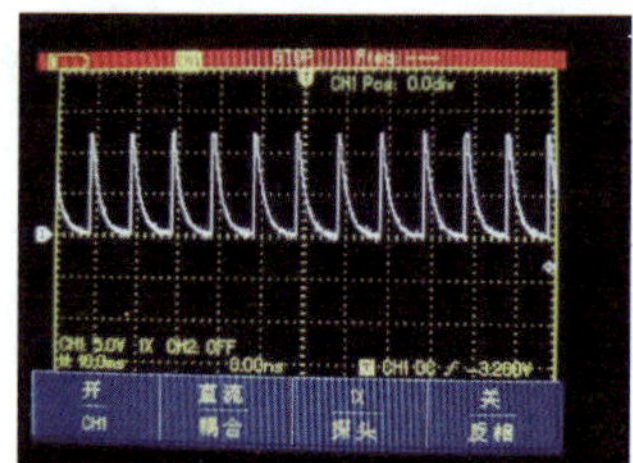

图 4-5-14 车载电网控制单元端子正常波形

（2）测量车载电网控制单元 J519 的 T73a/29 端子波形。打开点火开关，关闭灯光旋转开关 E1，测量端子波形，结果为正常波形时（见图 4-5-14），则 T73a/29 至 T4di/4 间断路，需要检查线路导通性；结果为异常波形时，则 T73a/29 至 T4di/4 间短路，需要测量 E1 的 T4di/4 端子对搭铁短路。

（3）检查 T73a/29 与 T4di/4 间线路导通性。关闭点火开关，拔下 E1 的 T4di 和 J519 的 T73a 插接器，测量导线端对端电阻，结果为无穷大或大于 2 Ω 时，则 T73a/29 与 T4di/4 间线路故障，需要检修线路；结果小于 2 Ω 时，则需要检修插接器。

（4）测量灯光开关 E1 的 T4di/4 端子对搭铁电阻。关闭点火开关，拔下 E1 的 T4di 和 J519 的 T73a 插接器，分别测量开路、连接 T4di 插接器、连接 T73a 插接器时开关 E1 的 T4di/4 端子对搭铁电阻，结果小于 2 Ω 时，则线路或元件故障，需要维修线路或更换元件，结果为无穷大时，则线路插接器或元件故障，需要更换元件或维修线路。

检查迈腾 B8 灯光旋转开关工作过程

- 灯光旋转开关旋至示宽灯位置时，旋转开关模块接收到示宽灯开启信号，通过开关模块 LIN 线将此信号发送至车载电网控制单元 J519。
- 按压前雾灯开关，灯光旋转开关模块接收到前雾灯开启信号，通过开关模块 LIN 数据线将此信号发送至车载电网控制单元 J519。
- 按压后雾灯开关，灯光旋转开关模块接收到后雾灯开启信号，通过开关模块 LIN 线将此信号发送至车载电网控制单元 J519

视频

4-10 LIN 总线故障检测

空谈误国，实干兴邦。

学习笔记

任务测评

一、知识测评

确定本任务的关键词，按重要程度进行关键词排序并举例解读，然后根据自己对重要信息捕捉、排序、表达、创新和划分权重能力进行自评，满分100分，如表4-5-2所示。

表4-5-2　排除雾灯异常故障知识测评表

序号	关键词	举例解读	评分自定
1			
2			
3			
4			
5			
6			
总分			

二、能力测评

对表4-5-3所列作业内容，操作规范即得分，操作错误或未操作即零分。

表4-5-3　排除雾灯异常故障能力测评表

序号	技能点	配分	得分
1	正确记录故障现象	20	
2	进行初步分析	20	
3	制订雾灯故障维修计划	20	
4	按照计划进行检测	20	
5	正确记录数据并排故	20	
总分		100	

三、素养测评

对表4-5-4所列素养点，做到即得分，未做到即零分。

表4-5-4　排除雾灯异常故障素养测评表

序号	素养点	配分	得分
1	安全作业，无安全隐患	20	
2	保护环境，无乱扔乱倒	20	
3	规范标准，无野蛮操作	20	
4	团队协作，无不洽关系	20	
5	场地5S	20	
总分		100	

四、拓展训练

（1）请列举出在排除雾灯异常故障过程中易出现的问题，分析产生问题的原因并制订解决问题的措施。（满分25分）

（2）2018款迈腾B8 1.8 T车型的汽车，左侧雾灯异常，请通过测量确定导致该现象的原因，制订检修流程并进行检修。（满分25分）

（3）请按下列思维导图格式（见图4-5-15），对排除雾灯异常故障的学习收获进行总结，同时自己组织不低于10名同学组成一组，自命为主持人，运用头脑风暴法对雾灯提出改进意见，汇总梳理出最可能实现的一种可能。（满分50分）

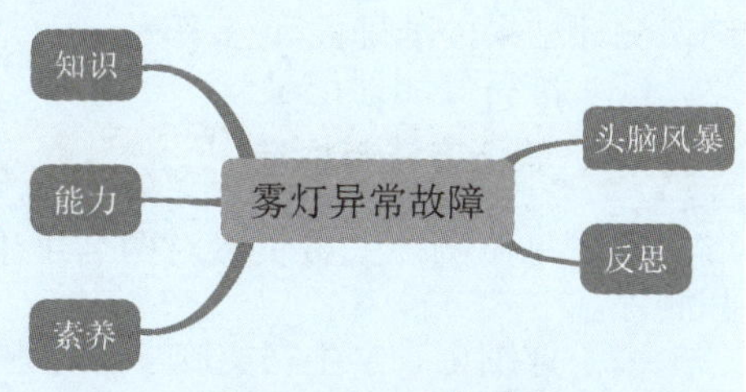

图4-5-15　思维导图

学习笔记

学习考评

一、考评项目

根据所学，请对 2018 款迈腾 B8L 配备 1.8 T 发动机的汽车进行检修雾灯及雾灯故障排除作业。

二、实施准备

1. 学生准备

学生按照教学进度计划，已经完成了以下学习任务并达到 75 分以上，可进行该学习考评的实施。

（1）理解并完成学习考评需要的相关知识和方法的学习，得分大于 75 分。

（2）运用学习考评需要的相关知识和方法进行作业，得分大于 75 分。

（3）按时、按质、按量完成相应作业，得分大于 80 分。

（4）具有自觉遵守技术标准和要求规定、规范操作、安全、环保、5S 作业、团结协作的好习惯，得分大于 80 分。

（5）能制订 2018 款迈腾 B8L 1.8 L TSI 车型尾灯进行检修雾灯及雾灯故障排除作业流程。

2. 教师准备

（1）在安排学生实施学习考评前，通过课堂问题研讨、作业、实训和考核及其他方式，确认学生已经具备了实施学习考评所需的知识、技能和素养，并确保学生在安全状态下独立进行。

（2）对协助教师进行测评的学生进行测评和监督方法的培训，确保测评结果的准确性和公平性。

（3）准备好测评记录。

三、验证方法与标准

（1）每位测评人员负责对两名学生进行定点、全过程的监控和测评。

（2）详细记录学生在实施学习考评过程中的相关信息、数据、结果、操作方法、完成时间，以及出现错误、事故等情况。

（3）学习考评的作业过程和数据记录等，要求在 60 min 内完成，时间不足，可在即将结束时，口述剩余部分的作业方法。

（4）考评内容及标准如下表所示。

序号	作业项目	考评内容	考评标准	配分	得分
1	雾灯典型故障排除	分解工艺	分解工艺错误扣 10 分	15	
		工具使用	工具使用不正确扣 5 分		
2	检测前准备	检查校验仪器仪表	未检查校验仪器仪表或校验方法不正确扣 5 分	10	
		对零部件进行检查或清洁处理	未对零部件进行检查或清洁处理扣 5 分		
3	查阅资料	正确查阅检修资料	未查阅或查阅不正确 0 分	10	
4	检查	检查方法、检查标准，以及其他及标准	检查方法错误扣 5 分	20	
			检查结果有误差扣 5 分		
			技术标准不正确扣 10 分		
5	检测及维护	选择正确的工具	选择错误扣 5 分	25	
		使用方法正确	使用方法错误扣 5 分		
		检测步骤正确	检测步骤错误扣 5 分		
		检测数值准确	检测结果错误扣 5 分		
		操作熟练	操作不熟练扣 5 分		
6	安全文明生产	遵守规程、安全生产	每违犯一项扣 1 分直至扣完	20	
		因违犯操作规程造成事故	因违规操作发生重大人身或设备事故，此题按 0 分计		
总分				100	

学习笔记

拓展阅读

故障树与故障判断

故障判断过程就是运用各种方法寻找可能的原因，然后通过一一排除，最后确定故障点，故障树分析法就是一个工具。

汽车灯系常见的故障一般有灯光不亮、大灯远近光不亮、远光灯不亮、近光灯不亮、信号灯不工作等。

故障现象一：接通车灯开关至 2 或 3 挡时，小灯和仪表正常，大灯远近光灯均不亮。

可能的故障原因：

引起灯光不亮的主要原因有灯泡损坏、熔断器熔断、灯光开关或继电器损坏及线路断路或短路等。

故障排除方法：

将车灯开关接至前照灯挡位，用试灯检查变光开关的“火线”接柱。若试灯不亮，用试灯检查车灯开关相应接柱；若试灯亮，表明两开关之间的导线断路。

若试灯不亮，表明车灯开关损坏。检查变光开关接线柱时，若试灯亮，为变光开关损坏。用导线分别连接变光开关的“火线”接柱与远、近光灯线接柱，此时，远近灯均应点亮。

故障现象二：打开前照灯远、近光正常点亮，变光时，只有远光或只有近光点亮。

可能的故障原因：

引起灯光不亮的主要原因有电源无电，灯泡损坏，灯光控制单元故障，熔断器熔断、灯光开关或继电器损坏及线路断路或短路。

由于变光时只有远光或近光不亮，排除电源无电和继电器故障可能，打开近光灯开关时，远、近光灯正常点亮，排除灯泡损坏，熔断器熔断故障可能，应着重考虑变光开关故障、灯光控制单元故障及相关线路故障。

故障排除方法：

将车灯开关至近光灯挡，拨动变光开关确定不亮的灯光，检查变光开关相应接线柱电压，异常则检查变光开关是否正常，正常则需要检查灯光控制单元，异常则说明变光开关损坏需更换，更换后灯光正常点亮。检查灯光控制单元相应接线柱电压，异常则说明控制单元接线柱故障，修复后灯光正常点亮。

思考

上网搜索什么是故障树分析法，利用故障树分析法分析故障一、二，体会思维过程，掌握故障树这个思维工具。

学习笔记

附录 A　项目一学习成果考评报告

考评报告

项目名称：检修汽车电源系统		考核时间：60 min（理论）+ 实操（90 min）	
姓名：	班级：	学号：	教师签字：
自评：□合格 □不合格	互评：□合格 □不合格	师评：□合格 □不合格	
日期：	日期：	日期：	

检修方案

第一部分　车辆信息记录

品牌		整车型号		生产日期	
发动机型号		发动机排量		行驶里程	
车辆识别码					

第二部分　场地安全、设备设施和工量辅具准备

序号	名称	规格	数量
1			
2			
3			

第三部分　检修项目一

序号	检测项目	检测数据	标准值或极限值	检查结果	维修措施
1					
2					
3					

续表

检修项目二

名称	磁场绕组断、短路电阻	磁场绕组电阻	转子轴直线度
标准值			
测量值			
名称	定子绕组电阻	电刷长度	电压调节器接线柱间电阻值
标准值			
测量值			

第四部分　更换和调整资料查询记录

序	作业项目	维护和检修标准
1		
2		
3		

第五部分　项目总结

注：表格不足可加行。

学习笔记

学习笔记

附录 B　项目二学习成果考评报告

考评报告

<table>
<tr><td colspan="2">项目名称：检修汽车起动系统</td><td colspan="2">考核时间：60 min（理论）+ 实操（90 min）</td></tr>
<tr><td>姓名：</td><td>班级：</td><td>学号：</td><td rowspan="3">教师签字：</td></tr>
<tr><td>自评：□合格
□不合格</td><td>互评：□合格
□不合格</td><td>师评：□合格
□不合格</td></tr>
<tr><td>日期：</td><td>日期：</td><td>日期：</td></tr>
<tr><td colspan="4">检修方案</td></tr>
<tr><td colspan="4">第一部分　车辆信息记录</td></tr>
</table>

品牌		整车型号		生产日期	
发动机型号		发动机排量		行驶里程	
车辆识别码					

第二部分　场地安全、设备设施和工量辅具准备

序号	名称	规格	数量
1			
2			
3			

第三部分　检修项目一

序号	检测项目	检测数据	标准值或极限值	检查结果	维修措施
1					
2					
3					
4					

续表

检修项目二

1. 测试标准：

可能	实测结果	状态	操作

2. 测试标准：

可能	实测结果	状态	操作

3. 测试标准：

可能	实测结果	状态	操作

4. 测试标准：

可能	实测结果	状态	操作

学习笔记

续表

5. 测试标准:			
可能	实测结果	状态	操作
6. 测试标准:			
可能	实测结果	状态	操作
7. 测试标准:			
可能	实测结果	状态	操作
8. 测试标准:			
可能	实测结果	状态	操作

续表

9. 测试标准：			
可能	实测结果	状态	操作
10. 测试标准：			
可能	实测结果	状态	操作

第四部分　更换和调整资料查询记录		
序号	作业项目	维护和检修标准
1		
2		
3		

第五部分　项目总结

注：表格不足可加行。

参 考 文 献

学习笔记

[1] 北京中汽恒泰教育科技有限公司 . 汽车灯光控制系统及检修 [M]. 北京：机械工业出版社，2017.

[2] 吕丕华 . 汽车基础电器系统故障诊断与维修 [M]. 北京：团结出版社，2012.

[3] 中安华邦（北京）安全生产技术研究院 . 低压点工作业 [M] . 北京：团结出版社，2018.